LA LANGUE ARABE, TRÉSOR DE FRANCE

JACK LANG

LA LANGUE ARABE, TRÉSOR DE FRANCE

Avec la collaboration de Victor Salama

COLLECTION **DOCUMENTS**

cherche midi

Vous pouvez consulter notre catalogue général
et l'annonce de nos prochaines parutions sur notre site :
www.cherche-midi.com

92, avenue de France
75013 Paris

Mis en pages par Soft Office – Eybens (38)
Dépôt légal : février 2020
ISBN : 978-2-7491-6441-0

MON COMBAT POUR LA LANGUE ARABE

La langue arabe, trésor de France. Le titre de ce livre paraîtra sans aucun doute polémique à certains. C'est mal connaître l'histoire de la langue arabe et, en définitive, c'est mal connaître notre propre histoire.

Il y a des combats à mener contre l'air du temps. Des combats pour rétablir des vérités, à rebours des manipulations idéologiques, démagogiques et populistes. L'objet de ce livre est précisément de cet ordre : redonner à l'arabe, cette langue de France depuis plus de cinq siècles, toute sa place dans l'enseignement public – et au-delà, toute sa reconnaissance et sa dignité dans notre société.

L'arabe est aujourd'hui la cinquième langue la plus pratiquée dans le monde : plus de 430 millions de locuteurs dans une soixantaine de pays. Elle compte parmi les six langues officielles de l'ONU. Elle est une grande langue vivante et universelle.

En ce début de troisième millénaire, la langue arabe est de plain-pied dans la modernité : elle exprime les enjeux culturels, économiques et géopolitiques de notre temps. La jeunesse l'utilise quotidiennement pour exprimer ses désirs, ses rêves, ses revendications. Au même titre que l'anglais, l'arabe figure en bonne place sur les blogs et les réseaux sociaux. Langue des écrivains, des poètes, des artistes et des chanteurs, elle participe à la création et au renouveau du monde arabe, de notre monde à tous. Langue des scientifiques, des chercheurs, des journalistes et des entrepreneurs, elle est une langue du monde contemporain à part entière.

Regardons le temps long désormais. Sacralisée par la révélation coranique, la langue arabe détient une puissance spirituelle et poétique qu'elle tire d'une histoire millénaire passionnante à tous égards. Langue des Arabes chrétiens, juifs, musulmans ou athées, langue d'empire et de civilisation, elle s'est enrichie, au gré des peuples et des régions, au contact de cultures variées – au long des siècles.

Très tôt, les civilisations arabe et française sont entrées en résonance. Dès le XVIe siècle, François Ier et Guillaume Budé, son « maître de librairie », une sorte de ministre de la Culture de l'époque, comprennent que la maîtrise des humanités, tels le grec ou le latin, n'est plus suffisante : il faut développer d'autres aires de savoir, comme l'hébreu, pour la recherche biblique, et l'arabe, pour la philosophie et les sciences. Et pour cause, si nous devons l'invention des chiffres modernes aux mathématiciens arabes, l'Occident médiéval doit également au monde arabe la redécouverte, par un intense travail de traduction initié dès le XIIe siècle, de grands textes de la philosophie grecque notamment. Il en résulte un apport intellectuel exceptionnel à la médecine, à la philosophie et à l'algèbre, pour ne citer que ces disciplines.

Cet engouement pour la langue et les cultures arabes n'a cessé de s'amplifier, au-delà de nos propres évolutions politiques ou sociales.

Sous l'Ancien Régime, une meilleure connaissance de nos racines chrétiennes, grecques et latines est recherchée à travers l'étude de la langue arabe; c'est aussi une manière de mieux comprendre tantôt l'adversaire, tantôt le partenaire de l'autre rive de la Méditerranée. Les Lumières encensent cette langue qui a imprégné la majeure partie de l'ancien monde connu. Un attrait qui, très vite, déborde la sphère académique: lorsque Antoine Galland traduit en français *Les Mille et Une Nuits*, il crée un engouement, une mode qui donnera lieu, quelques décennies plus tard, à « l'égyptomanie ». L'arabe joue désormais comme un inconscient profond de notre culture.

La France coloniale n'aura de cesse de nourrir et d'amplifier ce mouvement en faveur de la langue arabe: pour des raisons scientifiques et culturelles, par de nouveaux besoins administratifs, juridiques ou simplement humains. L'histoire de notre pays, depuis la Révolution française, ne serait pas complète sans la prise en compte de sa dimension arabe.

L'étude de la langue arabe et de son histoire offre ainsi un éclairage sans équivalent de notre civilisation à travers ses échanges, ses apports et un dialogue nourri des cultures.

Aujourd'hui la situation est alarmante: seul 1 enfant sur 1000 étudie l'arabe à l'école primaire, 2 sur 1000 au collège, malgré une demande qui ne cesse de croître, et pas seulement de la part d'élèves issus de l'immigration maghrébine. En parallèle se développent des filières d'apprentissage dont certaines, au lieu de contribuer à faire de l'arabe l'une des langues de la France, promeuvent la mise à distance culturelle, voire l'anathème contre celle-ci et ses valeurs.

Ainsi, cette langue est devenue, à son corps défendant, l'objet de fixations contraires: chez certains, elle est discréditée, mise en quarantaine par les marchands de peur ou de haine qui rabâchent leur conception rabougrie de ce que devrait être la France. Chez d'autres, elle devient un vecteur de rupture.

Face à ces défis, il est fondamental aujourd'hui d'assurer un enseignement et une transmission de la langue arabe en France qui s'inscrivent pleinement dans son héritage exceptionnel. Faute de nous engager, nous gâchons un trésor culturel et linguistique inestimable.

Pourtant, quand on lui donne toute sa place, il est évident que la langue arabe suscite un intérêt profond, et peut constituer une réponse éclairée à la haine et à la violence. Ainsi, depuis 2016, en mémoire des victimes de l'abominable attentat du Bataclan, l'Institut du monde arabe (IMA), que je préside, organise chaque année une Nuit de la poésie, lieu de dialogue, d'union, de concorde autour du sensible et du beau. Cet événement unique en son genre accueille désormais plus de 5000 personnes, essentiellement des jeunes de tous milieux. Ils retrouvent dans les mots, en arabe et en français, un lieu où il fait bon se retrouver.

C'est aussi avec cette volonté de rassembler à travers la langue que l'Institut du monde arabe a mis en œuvre, en 2019, une certification internationale de maîtrise de l'arabe (CIMA) qui constitue à ce jour la première certification internationalement reconnue pour la langue arabe. J'ose l'affirmer: au-delà de la reconnaissance de la langue arabe, il s'agissait de proclamer la dignité universelle de ses locuteurs. Mon combat pour l'apprentissage de l'arabe s'inscrit ainsi dans celui, plus vaste, pour le plurilinguisme à l'école, qui offrira à nos élèves l'accès aux grandes langues du monde. Bien sûr, la langue française est la colonne vertébrale de notre système éducatif; il faut la chérir avec passion, et tout faire pour que les enfants en soient maîtres. Mais cela n'est en rien incompatible avec la connaissance d'autres langues. Au contraire, même : celle-ci facilite, par le jeu des comparaisons, des parentés, des différences, l'apprentissage de la langue nationale.

Pour reprendre une expression que j'utilise souvent dans les pays arabes pour demander que l'on se batte pour la préservation de ces deux langues sœurs : « langue française, langue arabe, même combat ! ». Ce combat, pour le français, pour l'arabe, pour la connaissance des langues étrangères, je l'ai naguère conduit au ministère de l'Éducation nationale, en développant leur apprentissage précoce, dès le CP. Je le poursuis aujourd'hui à l'Institut du monde arabe. Le temps est venu de donner à l'arabe sa pleine place dans l'école de la République. C'est l'objet de ce manifeste.

I

L'ARABE ET LA FRANCE : DE L'UNION AU DIVORCE ?

La relation entre l'arabe et la France est une histoire d'amour au long cours. Celle d'une passion ininterrompue entre la France et le monde arabe initiée il y a plus de cinq siècles. Depuis, une part de nous est liée à la civilisation arabe ; de même, au gré des violences de l'histoire, les sociétés arabes ont été influencées et attirées par la culture française. Cet engouement réciproque a traversé nos régimes politiques, de la monarchie à la République, en passant par l'Empire. Tantôt scientifique et académique, tantôt administratif et pratique, l'intérêt pour la langue arabe s'est enrichi au fil des époques.

1

AU TEMPS DE L'ORIENTALISME

1. L'Arabe en France : une introduction royale

Dès le Moyen Âge, des traductions de textes arabes par des savants juifs et chrétiens témoignent de relations entre nos deux cultures. Au XIIe siècle, Pierre le Vénérable, abbé de Cluny, imagine combattre les musulmans, non pas par les armes, mais sur le terrain intellectuel. Pour mieux le réfuter, il fait traduire le Coran. C'est ainsi que la première version latine du livre sacré voit le jour en 1143, alors que les croisades font rage.

François Ier, premier défenseur de l'arabe : un choix d'abord tactique

Quatre siècles plus tard, un homme va hisser les études et la connaissance de l'arabe en France – l'arabisme – au rang de discipline institutionnalisée : François Ier.

Comme je le rappelais dans la biographie que je lui ai consacrée[1], François Ier fut l'un des premiers à défendre la langue d'Averroès dans notre pays. Il créa le Collège de France pour assurer entre autres l'apprentissage de l'arabe ou de l'hébreu.

Il s'agit d'abord d'un choix tactique. Au début de son règne, le monarque veut endosser le costume de défenseur de la foi chrétienne, mais les faits ne tardent pas à le faire dévier de son objectif initial. La défaite militaire face à l'empire de Charles Quint, en 1525, le pousse à nouer une alliance de revers avec une autre puissance européenne, capable, avec le royaume de France, d'encercler l'Espagne, les Pays-Bas et l'Allemagne, alors dans le giron de Charles Quint. Il choisit l'Empire ottoman, dirigé par Soliman le Magnifique.

Pour que l'entente avec un territoire musulman ne s'apparente pas à une trahison, le roi présente ces négociations comme la volonté de protéger les chrétiens de rite latin de l'Empire ottoman. En 1536, l'alliance est officialisée par la première « capitulation », accord officiel entre le roi de France et le sultan ottoman, et l'envoi du premier ambassadeur français à Constantinople, Jean de La Forest. Entre 1536 et 1869, pas moins de 10 capitulations marqueront les relations profondes et continues entre la France et l'Empire ottoman.

L'arabe, symbole de la modernisation de l'enseignement en France dès le XVIe siècle

Galvanisé par l'esprit de la Renaissance, François Ier modernise la vie scientifique et académique. Épaulé par

1. *François Ier*, Perrin, 1997 (réédition poche, 2009).

le savant Guillaume Budé, « Maître de la Librairie du Roy », il fonde, en 1530, un collège des « lecteurs royaux » dénommé Collège royal, ancêtre du Collège de France, dont la devise latine *Docet omnia* (« Il enseigne tout ») fixe l'ambition. On y enseigne alors le grec, les mathématiques et l'éloquence latine. L'arabe fait une première incursion au Collège avec la nomination, en son sein, d'un médecin arabisant haut en couleur, Arnoult de Lisle, en 1587.

Budé, qui voit loin, comprend vite que la maîtrise de la langue arabe ouvre la porte aux connaissances et aux pensées philosophiques issues de l'islam classique. Aux yeux de cet immense humaniste, la maîtrise du grec ou du latin ne suffit plus : il faut développer d'autres domaines de savoir, comme l'hébreu, pour la recherche biblique, et l'arabe, pour la philosophie et les sciences. D'autant que c'est en arabe qu'ont été conservés certains textes par ailleurs perdus en grec.

Sous François Ier, le grand écrivain humaniste de la Renaissance François Rabelais disait lui-même avoir appris l'arabe et recommandait son enseignement (notamment à travers la lettre que son personnage Pantagruel adressait à son fils Gargantua).

Une nouvelle passion française : l'Orient

D'abord sous la protection des « Grands » du royaume, tels le cardinal Mazarin ou Nicolas Fouquet, les premiers orientalistes français passent sous la coupe exclusive du monarque. La bibliothèque du roi devient un véritable laboratoire, où l'on élabore des dictionnaires, des grammaires, des notices de langues orientales : le turc, l'arabe et le persan. De multiples acquisitions alimentent le Cabinet des manuscrits orientaux. L'enrichissement des collections se fait au nom du roi et sert son prestige. Ces précieux trésors constituent aujourd'hui un des plus beaux fonds de manuscrits arabes au monde, conservés à la Bibliothèque nationale de France.

C'est au XVIIe siècle qu'un enseignement stable de l'arabe s'impose à Paris. À l'époque, des prêtres maronites du Liban, venus suivre des études supérieures, circulent dans l'Europe catholique ; on leur doit les premiers enseignements de la langue.

En pleine controverse entre catholiques et protestants, la question religieuse est le moteur de ces apprentissages. Car, comme l'ennemi protestant, les puissances catholiques ont recours à des arabisants pour déchiffrer les textes des Églises orientales et stigmatiser l'hérétique.

À compter de la deuxième moitié du XVIIe siècle émerge en Europe une nouvelle discipline scientifique dont le sujet est l'Orient. Son ambition : montrer que l'Orient et ses écrits jouent dans la cour des grands. C'est l'abandon de la bipartition anciens et modernes, au profit d'une tripartition : anciens, orientaux et modernes.

Les Mille et Une Nuits, *naissance de la littérature universelle*

L'objectif des « orientalistes » ? Unifier les flux littéraires issus d'époques et de lieux différents pour constituer une manne mondiale. Et c'est une réussite ! Quand Antoine Galland, futur professeur au Collège de France, traduit de l'arabe *Les Mille et Une Nuits,* son texte, publié entre 1704 et 1717, marque la naissance de la littérature universelle. L'aride démarche académique débouche sur un immense élargissement de l'imaginaire européen.

Le phénomène opère immédiatement puisque Galland lui-même « invente » les deux personnages les plus connus des *Mille et Une Nuits*, Ali Baba et Aladin. C'est Hanna Dyab, un jeune chrétien maronite originaire d'Alep, qui lui souffle l'idée en lui contant les histoires de ces héros emblématiques. L'exposition *Les Mille et Une Nuits*, présentée en 2012 à l'Institut du monde arabe, montrait avec brio comment ces textes sont devenus un immense référent culturel, reflet d'un monde arabe fantasmé, traduit dans toutes les langues et qui perdure jusqu'à aujourd'hui.

Non contents d'avoir posé les jalons d'une érudition orientale et arabe, les « orientalistes » ont directement influencé la littérature européenne. Ainsi, en 1697, paraît la monumentale *Bibliothèque orientale* de Barthélemy d'Hébertot, qui fait office d'encyclopédie de l'Islam jusqu'au XIXe siècle.

Kalila wa Dimna, *un recueil mythique qui inspire les* Fables *de La Fontaine*

Vingt ans plus tôt, Jean de La Fontaine avait puisé l'inspiration de quelques-unes de ses célèbres *Fables*, texte capital de la littérature française, dans un recueil de récits d'animaux propres au domaine arabo-musulman : *Kalila wa Dimna*, magnifiquement traduit en français par le grand historien André Miquel.

En 2015, à l'Institut du monde arabe, nous consacrions une exposition à ces récits anciens, passés du sanskrit au pehlevi, du syriaque à l'arabe, dans la Bagdad du VIIIe siècle. Cette version arabe, que l'on doit à Ibn al-Muqaffa, a connu un rayonnement retentissant via ses traductions en Orient (persan, turc, mongol…) et en Occident (grec, hébreu, latin, allemand, espagnol, français…), mais aussi par ses multiples adaptations littéraires et transpositions théâtrales.

Les drogmans : une école de la traduction qui fait date

En parallèle de la voie savante, la monarchie a besoin d'une approche plus pragmatique des sociétés orientales pour servir sa politique étrangère.

En 1669, Colbert décide de calquer le modèle vénitien. Il crée alors l'École des jeunes de langues, lieu de formation précurseur dans le domaine de la traduction qui donnera naissance aux *drogmans*, littéralement « traducteurs » en arabe. Il s'agit d'enfants, généralement choisis dans le milieu des commerçants de Marseille et du Levant afin d'être formés au collège Louis-le-Grand. Ils rejoignent ensuite l'ambassade de France à Constantinople, où ils acquièrent les rudiments des langues orientales.

Ces *drogmans* produisent alors un vaste savoir diplomatique, commercial, politique et linguistique, qui va alimenter les Lumières.

La filiation de cette institution n'est pas anodine : l'École des jeunes de langues disparaît au XIXe siècle au profit de l'École spéciale des langues orientales, qui devient à son tour l'Institut national des langues et civilisations orientales.

L'appréhension des civilisations passera aussi par une abondante littérature de voyage, à l'origine souvent religieuse : les récits de pèlerinage en Orient et les écrits des missionnaires catholiques qui portent la bonne parole auprès des chrétientés orientales vont alors essaimer.

2. Le phénomène arabe des Lumières françaises

L'orientalisme des Lumières s'inscrit dans la continuité de l'époque précédente. Au cours de ce siècle bouillonnant, qui voit les intellectuels prendre leurs distances avec la religion et ses guerres avilissantes, les connaissances sur le monde arabe s'approfondissent.

Jusqu'alors, les savants disposaient d'encyclopédies islamiques compilées à l'époque des mamelouks (aux XIVe et XVe siècles), devenus en Égypte et en Syrie les champions de la culture arabe face à l'hégémonie turco-mongole en Asie après le déferlement des troupes de Gengis Khan (1220-1260) puis de celles de Tamerlan (à la fin du XIVe siècle). Au début du XVIIIe siècle, les orientalistes ont accès à des sources plus anciennes. Ils sont portés par un processus d'accumulation et de diffusion des savoirs depuis l'invention de l'imprimerie. C'est une multitude de livres, de revues et de journaux imprimés que les savants tentent d'interpréter.

Montesquieu et Voltaire, les « comparativistes »

L'orientalisme est plus que jamais dans l'air du temps. Les penseurs s'en emparent pour alimenter les grands débats philosophiques et politiques. Les ouvrages de compilation et de vulgarisation abondent pour répondre à la demande croissante de la population française.

Dans la seconde moitié du XVIIIe siècle, le « comparativisme » incarne, en Europe, la prise de conscience d'une disproportion croissante entre l'univers occidental et les autres mondes. Les récits de voyage, ludiques et enjoués, ou les traités se multiplient, de *De l'esprit des lois* à *Zadig*. Les auteurs se jouent alors de truchements et de déguisements, par des comparaisons faussement naïves, pour mieux critiquer les mœurs de leur temps. En parlant de l'islam et du sultan ottoman, Montesquieu et Voltaire tendent en fait un miroir à leur époque et leurs semblables.

«Le Prophète», héros chez Rousseau

Sous la plume de Rousseau, «le Prophète» devient une figure historique positive, au même titre que Moïse chez les Juifs ou Dracon et Solon chez les Grecs. En cette fin de siècle, l'Orient arabe jouit d'une grande sympathie. Et de l'intérêt du public lettré – immense, comme l'illustre le succès considérable rencontré par la publication, en 1787, du *Voyage en Syrie et en Égypte* de Volney.

D'éminents arabisants, tels Volney, justement, et Sacy, veulent régénérer les langues orientales, et plus particulièrement l'arabe. Leurs grammaires ambitionnent de dépasser la simple utilité pratique pour les commerçants ou les érudits. Chacun à leur manière, ces penseurs entendent participer à la renaissance d'un Orient des Lumières.

3. Un orientalisme conquérant

«Au siècle de Louis XIV on était helléniste,
maintenant on est orientaliste.»

VICTOR HUGO, préface des Orientales, *1829.*

L'orientalisme joue un rôle phare dans la nouvelle expansion européenne. Il sert d'abord d'instrument de légitimation, puis se pose en matrice de gestion des sociétés conquises. L'expédition d'Égypte, entreprise en 1798 par Bonaparte, en est l'aboutissement.

Naissance des Langues O'

Trois ans auparavant, l'École spéciale des langues orientales – nos fameuses Langues O' – s'ouvre à Paris. L'arabe devient un objet de formation des élites, aux côtés des sciences et des arts. Même si cette nouvelle institution ne prendra son envol que progressivement, pour ne devenir un centre majeur d'apprentissage qu'à la fin du XIXe siècle, elle met en place un modèle spécifique. Les professeurs ont un cahier des charges astreignant, incluant l'écriture d'une grammaire de la langue qu'ils enseignent.

C'est dans ce contexte que Bonaparte réfléchit à une expédition égyptienne, un vieux projet de certains cercles de la monarchie qui remonte à vingt ans. Pour des raisons géopolitiques, évidemment : il s'agit de couper la route des Indes.

Un autre désir anime le projet bonapartiste : marcher sur les pas d'Alexandre le Grand et partir à la conquête d'un territoire où sont nés les sciences et les arts d'avant la civilisation, qui incarnent la sagesse ancienne et primordiale.

À la conquête de l'Égypte, à la conquête de la France...

La place principale de l'arabe parmi les langues orientales enseignées à Paris s'affirme avec l'expédition de Bonaparte, et ce malgré l'échec de cette dernière. L'exposition de 2008 à l'Institut du monde arabe, intitulée *Bonaparte et l'Égypte*, témoignait de son influence. Elle présentait notamment des caractères d'imprimerie latins et arabes, récupérés par Bonaparte aux presses vaticanes puis emmenés sur ses bateaux pour imprimer au Caire des documents bilingues, traduits par l'orientaliste Jean-Joseph Marcel, membre de cette expédition et directeur de la première imprimerie en Égypte.

Le phénomène de mode s'amplifie, favorisé par les réfugiés qui accompagnent le retrait de l'armée française d'Égypte, en 1801. Les élèves se pressent sur les bancs publics des Langues O'. Et, en 1807, la chaire d'arabe se dédouble à Marseille.

Le maintien des « Jeunes de langue » en plein cœur du Quartier latin, au lycée Louis-le-Grand, nourrit quelques vocations d'orientalistes ou, du moins, éveille l'intérêt pour l'Orient d'élèves promis à occuper des positions importantes. L'égyptologue Gaston Maspero rappelle ainsi comment, interne dans le prestigieux établissement parisien, en 1856, il décide, après une lecture enthousiaste des *Mille et Une Nuits,* d'apprendre l'arabe et de rejoindre Le Caire.

L'effet de la campagne d'Égypte sur l'imaginaire français, en tout premier lieu sa littérature, est majeur. L'orientalisme imprègne la poésie de Baudelaire ou de Victor Hugo (*Les Orientales*) et il n'est pas un grand auteur romanesque qui, au XIXe siècle, ne commette une œuvre « orientale », que ce soit Flaubert avec *Salammbô* ou Théophile Gautier avec *L'Orient*.

Les « arabisants » entrent dans le dictionnaire

Les liens établis entre orientalistes français et orientaux sous le Directoire, liens qui ont cours jusqu'à l'Empire, sont primordiaux dans le développement des études de l'arabe. L'élargissement de celles-ci s'inscrit dans un double mouvement : l'expansion impérialiste et l'ambition émancipatrice et universaliste, qui préside à l'expédition d'Égypte.

Apparaît dès lors un mot spécifique pour qualifier les orientalistes spécialistes du domaine arabe : les « arabisants ». Attesté, en 1819, sous la plume d'un agent du ministère de l'Intérieur, le substantif est enregistré par Émile Littré, en 1863, dans son *Dictionnaire de la langue française* : « Terme de philologie. Celui qui fait une étude particulière de l'arabe. » Le mot s'imposera définitivement au XXe siècle.

Une « arabophilie » galopante

La langue arabe jouit alors d'une excellente renommée dans le premier tiers du XIXe siècle. On lui attribue les qualités de ses locuteurs réputés être un peuple libre, proche de l'état de nature et des temps bibliques. Le Bédouin du monde préislamique est mis en valeur, tandis que les défaillances de l'Orient sont imputées à l'oppression ottomane. Cette « arabophilie » se propage à travers de nombreuses publications, qui demeurent des références en usage tout au long du siècle.

Le lectorat populaire n'en finit pas de se pâmer face aux *Mille et Une Nuits* : en Europe, de 1811 à 1882, pas moins de 50 éditions du texte sont sur le marché, toutes traductions confondues, auxquelles il faut ajouter une trentaine d'éditions pour la jeunesse. Du jamais vu !

2

L'ARABE À L'ÉPREUVE DE LA RÉPUBLIQUE

1. Arabisants et projet colonial

L'expédition d'Alger, à l'été 1830, signe le premier chapitre de la conquête de l'Algérie. Colonisation rime avec connaissance de l'arabe pour gérer au mieux les territoires et les hommes. Les *drogmans* de l'expédition d'Égypte sont priés de s'y employer, mais leur apport linguistique, fondé sur l'égyptien d'il y a trente ans, s'avère vite insuffisant pour communiquer avec les Algériens.

L'armée française forme alors ses propres spécialistes, notamment avec la création, en 1844, des « Bureaux arabes ». Les officiers et administrateurs coloniaux qui y officient connaissent les langues, en particulier les dialectes ; ils ont aussi, à leur actif, une science semi-empirique, composée de sociologie pratique et d'éléments de droit musulman.

Le duel traditionalistes-modernistes

L'expédition d'Alger, déjà, pose la question de l'unité linguistique du monde arabe. Deux écoles d'arabisants s'opposent : d'un côté, les traditionalistes et les savants, qui veulent rester fidèles à une langue classique. De l'autre, les modernistes, qui prônent un nouvel arabe, adapté à l'enseignement démocratisé.

En 1836, une chaire d'arabe est fondée dans la capitale algérienne pour répondre aux besoins grandissants. En 1848, le collège, qui devient le lycée d'Alger, accueille un nombre significatif d'élèves en cours d'arabe. On s'adapte au contexte local sans remettre en cause un système général fondé sur les humanités classiques. En 1850, l'arabe reste la seule langue vivante enseignée dans le cycle secondaire.

L'apprentissage de la langue suppose une fréquentation intime des arabophones. C'est l'univers des artisans et des cafés de la Casbah d'Alger. C'est aussi celui de la prostitution, comme le déplore alors le journal *L'Algérie* : « Il serait du devoir de l'administration de fournir d'autres moyens d'étude que le commerce du libertinage, et d'ouvrir d'autres écoles que les maisons de tolérance. »

La création de l'agrégation d'arabe

En France métropolitaine, tout un système d'enseignement de l'arabe est mis en place dans une double perspective de formation des cadres coloniaux et de recherche scientifique. Ce dispositif s'étend à l'enseignement secondaire avec, entre autres avancées notables, la création de l'agrégation de langue arabe, en 1906.

Une sorte d'arabisme laïque est alors progressivement constitué. Il insiste sur la grandeur littéraire et intellectuelle de l'époque médiévale, dans la continuité des travaux orientalistes : les âges d'or de la Bagdad des califes abbassides et de l'Andalousie arabo-musulmane. On en trouve l'écho dans la large contribution française à l'édition de l'*Encyclopédie de l'Islam*, en 1913.

Une culture spécifique des arabisants se constitue en même temps. Louis-Pierre-Eugène Sédillot, auteur de *l'Histoire générale des Arabes* (1854), ou Gustave Le Bon, avec *La Civilisation des Arabes* (1884), pointent l'importance des Arabes dans l'histoire de la civilisation mondiale et annoncent leur prochaine résurrection. Les premiers nationalistes arabes feront de très larges emprunts à ces écrits.

Entre logique savante et impératifs politiques

L'avènement de la République, à une période de récession économique, voit pourtant l'abandon de ces ambitions premières. Pour le nouveau régime démocratique et égalitaire, l'arabe littéraire a le grand tort d'être resté une langue aristocratique, dont la maîtrise demeure l'apanage d'une mince élite religieuse, marchande ou militaire.

Tout au long du XIXe siècle, l'arabe est ainsi tiraillé entre logique savante et impératifs politiques. Les efforts des réformateurs modernistes, bien représentés chez les républicains, se heurtent à des habitudes ancrées sur le modèle de la très sérieuse Académie des inscriptions et belles-lettres, qui s'attache, entre autres, à l'étude scientifique de l'orientalisme.

De son côté, l'École des langues orientales n'a pas perdu toute attache avec la tradition érudite qui s'y est développée depuis la fondation de la chaire d'arabe par Sylvestre de Sacy. L'enseignement aux Langues O' conserve une assise savante, tout en favorisant les apprentissages utiles aux agents de l'administration coloniale. Avant comme après 1914, les professeurs d'arabe veillent jalousement à cet équilibre.

2. Replis identitaires, la fin des ambitions

Si le XXe siècle s'ouvre sous les meilleurs auspices pour l'enseignement de la langue arabe en France – une recherche savante qui occupe le haut du podium dans le monde, la création, en 1906, d'un certificat d'aptitude à l'enseignement de l'arabe dans les lycées et collèges, d'un diplôme d'études supérieures et donc d'une agrégation d'arabe (une reconnaissance symbolique qui met l'arabe au rang de l'allemand, de l'anglais, de l'italien et de l'espagnol) –, la crainte de la révolte dans les colonies renforce progressivement la méfiance et change la donne.

Les politiques en recul

Des années 1890 à la Grande Guerre, les pouvoirs publics ont investi dans le développement des études de l'arabe et de l'islam avec, dans le viseur, l'idée d'un réformisme contrôlé. 1918 remet tout en cause : la France n'a plus les moyens de cette politique.

Les autorités françaises adoptent alors des positions patriotiques qui voient se conjuguer les conceptions dures de la laïcité, à gauche, et l'hostilité traditionnelle à la religion musulmane, à droite. À la fin des années 1920, l'utilité de l'arabe est perçue comme limitée aux frontières des colonies. Il n'y aura pas d'enseignement de la langue dans les collèges et lycées de Paris avant la fin des années 1930.

Une « indigénisation » de l'arabe

Même si la « Belle Époque » des études d'arabe se prolonge, peu ou prou, via la production savante, jusqu'aux décolonisations, le projet politique qui l'anime a bel et bien sombré dans la tourmente de la guerre de 14-18. De l'autre côté de la Méditerranée, en dehors de la sphère universitaire, le retrait de l'enseignement de la langue arabe chez les Européens du Maghreb est patent.

Destinée à répondre aux attentes d'élèves désormais majoritairement « Algériens musulmans », la réforme de l'enseignement de l'arabe, en 1945, permet un léger développement à la veille de l'indépendance de l'Algérie. Il se traduit par un pic de recrutement de professeurs : de 1959 à 1963, une dizaine de candidats par an sont admis au concours de l'agrégation.

Les deux guerres mondiales et les mouvements d'indépendance ont fortement ancré le processus d'une « indigénisation » de l'arabe sur le territoire français. La langue prend bientôt une dimension menaçante : elle est vue comme le vecteur d'un nationalisme hostile à une France affaiblie.

La langue des immigrés

C'est seulement après l'indépendance de l'Algérie, en 1962, puis du fait de la scolarisation massive des enfants de l'immigration, à la suite de la politique de regroupement familial, au début des années 1970, que l'enseignement de l'arabe se diffuse dans des établissements secondaires, par le biais de professeurs rapatriés dans l'Hexagone.

Sous l'impulsion de l'inspecteur général Bruno Halff et du cabinet du ministre de l'Éducation nationale de l'époque, le centriste René Haby, l'enseignement de l'arabe à l'école cherche à se rationaliser à partir de la création du CAPES, en 1975. Cependant, à l'exception des grands lycées, le public non arabophone ne se sent pas concerné.

Au cours de la décennie 1980, alors qu'il n'est plus question du retour des immigrés dans leurs pays d'origine, mais de leur intégration, l'arabe devient la langue des immigrés.

II

LA LANGUE ARABE, CETTE BELLE INCONNUE[1]

Si le Coran l'a rendue intemporelle, la langue arabe est à la fois ancienne et bien ancrée dans la vie contemporaine : elle exprime les enjeux culturels, économiques et géopolitiques de notre temps. La jeunesse arabe se réapproprie cette langue pour exprimer ses attentes et ses revendications. La langue arabe est devenue mondiale, au même titre que l'anglais, au regard de sa présence sur Internet et sur les innombrables chaînes satellitaires. Commune aux 22 pays de la Ligue des États arabes, elle compte, depuis 1973, parmi les six langues officielles de l'organisation des Nations unies. Quatrième langue

1. Titre emprunté à Jean Druel pour sa conférence, *La langue arabe, cette belle inconnue*, à l'Institut français d'Égypte, le 11 novembre 2018.

dans le monde par le nombre de ses locuteurs (plus de 400 millions) et deuxième, après l'anglais, par l'étendue géographique de son usage (répertorié dans 60 pays), elle pointe pourtant au dernier rang par la diffusion de son enseignement. Où et quand est-elle née ? Comment a-t-elle évolué ? Quels sont sa singularité, son rapport à l'identité culturelle et les défis qu'elle doit relever pour l'avenir ?

1

IL ÉTAIT UNE FOIS LA LANGUE ARABE

1. L'émergence d'une écriture

La première mention connue d'un peuple dit arabe remonte au IXe siècle avant J.-C. On la trouve dans une chronique assyrienne qui désigne une population originaire du sud de la Syrie et du nord de la péninsule Arabique. Les Arabes en tant que tels sont également évoqués dans la Bible, de l'Ancien Testament (VIIe siècle avant J.-C.) au Nouveau Testament (Ier siècle après J.-C.).

De l'oral à l'écrit

L'arabe appartient au groupe des langues sémitiques. Ce terme désigne des langues proches par leurs sonorités, leur lexique, et la manière dont les mots et les phrases sont composés. Le terme « sémitique » a été inventé vers la fin du XIXe siècle par le savant allemand A. L. Schlözer pour désigner ces langues qui ont une origine géographique et linguistique commune. Il s'est inspiré d'un passage de la Bible, les chapitres 10 et 11 de la Genèse, où la plupart des peuples qui parlent une de ces langues sont qualifiés de « descendants de Sem », le fils aîné de Noé.

Au commencement était le Verbe. Ensuite, le Verbe devint Coran, « dicté » par Dieu en arabe à un homme, Muhammad, et, à travers lui, au peuple arabe, puis à l'humanité. Cet appel à réciter à haute voix fut mis par écrit sous le règne du premier successeur élu du Prophète, le calife Abou Bakr (632-634), puis sa graphie fut codifiée sous celui du calife Othmân (644-656), afin de prévenir toute erreur dans sa lecture et donc toute mauvaise interprétation. L'organisation de la société arabo-musulmane est née de ce transfert à l'écrit.

La dernière-née des langues sémitiques

Parmi les langues sémitiques, l'arabe est celle dont les attestations écrites sont les plus récentes : la première inscription connue date de 512 après J.-C., elle a été trouvée dans les vestiges d'un sanctuaire chrétien en Syrie. L'écriture arabe se développe dans divers centres de l'Arabie septentrionale et occidentale à partir du siècle suivant. À La Mecque, elle apparaîtrait pendant la jeunesse de Muhammad.

L'alphabet arabe est l'héritier de l'alphabet phénicien, inventé vers 1000 avant J.-C., par l'intermédiaire du syriaque, du palmyrénien ou du nabatéen, selon les spécialistes qui débattent, aujourd'hui encore, de son origine. À l'automne 2019, l'exposition *AlUla, merveille d'Arabie*, que j'ai organisée à l'Institut du monde arabe, exposait ainsi une inscription démontrant la transition entre caractères nabatéens et arabes – et combien cet alphabet s'est forgé au carrefour de civilisations d'une immense richesse.

2. Genèse de l'arabe classique

Dans quel contexte est née la langue dite « classique » ? L'arabe préislamique nous est connu par des textes littéraires et des inscriptions. Pour les premiers, la production, surtout orale, n'a laissé que peu de traces. Les textes parvenus jusqu'à nous sont principalement issus du Coran et de la poésie antéislamique.

Avant l'apparition de l'islam, la péninsule Arabique compte autant de tribus que de « parlers ». Il existe deux grandes zones : le Hedjaz, région la moins aride longeant la mer Rouge, où de grandes villes se sont développées, et les steppes du Nadjd, fief des Bédouins.

D'un côté, les sédentaires ; de l'autre, les nomades. Une distinction qui va traverser l'histoire linguistique du monde arabe jusqu'à nos jours.

Une koinè *pour les poètes*

Au moins deux siècles plus tôt surgit une *koinè* supradialectale, originaire d'aucune communauté en particulier. Ce terme – *koinè* – désigne l'adoption d'une langue commune qui se superpose à un ensemble de dialectes ou de parlers. Partout, on appelle cette variété linguistique *al-Lougha al-fushâ* – littéralement, « la langue la plus claire ».

Les poètes l'utilisent, quelle que soit leur appartenance tribale, sachant que, dans l'Arabie antique, leur art est tout sauf une simple affaire de littérature : le poète y est le porte-parole et la mémoire de la tribu.

Ainsi, dans ce berceau d'une mosaïque de dialectes, qui se comprennent plus ou moins bien entre eux, émerge et se formalise peu à peu une langue commune.

En clair, l'arabe classique est une langue littéraire, artificiellement construite par des hommes de poésie, à partir de multiples dialectes bédouins. C'est dans cette langue que sera délivré le message coranique.

3. Le Coran, l'ancrage écrit de l'arabe

L'avènement de l'islam change tout pour l'arabe. Le choix de cette langue commune pour délivrer le message coranique scelle le destin de l'arabe : la *fushâ* (langue érudite) devient langue liturgique d'une grande religion monothéiste, langue d'État, langue juridique et langue de civilisation.

Grâce aux conquêtes, l'arabe s'est répandu de la Mauritanie à l'Indonésie, de l'Espagne à l'Inde. Il a fallu l'adapter pour exprimer des concepts, des objets, des réalités totalement absents dans les déserts de la péninsule Arabique. L'arabe se développe sur des espaces géographiques et culturels immenses, bien au-delà de ses frontières d'origine.

L'arabe, une langue d'empire

Si les premières conquêtes sont internes à la péninsule – les guerres d'apostasie –, l'expansion de l'islam gagne, en quelques décennies, l'Afrique du Nord et l'Asie occidentale et centrale.

Pour gouverner tous ces peuples aux religions et aux cultures variées, développer une administration et une armée, il convient d'adapter la langue commune (*koinè*) poético-coranique pour en faire une langue d'empire.

Ce travail colossal est effectué, entre le VIIe et le Xe siècle, par des grammairiens et des lexicographes arabes et persans, qui codifient la langue et son vocabulaire.

Une langue écrite, des langues parlées

Pour remonter le fil de la langue arabe, il faut distinguer deux histoires distinctes, qui ont une influence l'une sur l'autre : celle de l'écrit et celle du parler.

Si la première s'appuie sur des documents, la seconde est beaucoup plus ardue à cerner : nous ne disposons pas d'enregistrements de la langue orale avant le XIXe siècle, et seuls les textes permettent de comprendre comment les gens s'exprimaient au quotidien.

Développé durant les quatre premiers siècles de l'hégire[1], l'arabe demeure une langue écrite. Contrairement à une idée encore très répandue, il semble alors que personne ne parle cette langue dans la vie de tous les jours.

En parallèle de la version écrite, qui a son origine dans le Coran, les Arabes et les peuples arabisés continuent à s'exprimer en de multiples dialectes, parfois influencés par leurs langues locales, comme le berbère, le copte ou le syriaque.

4. Comment s'élabore la langue

Après la phase de conquête triomphante, les Arabes doivent gérer ce nouvel et immense empire, où ils se retrouvent numériquement minoritaires.

Dans un premier temps, ils ne touchent pas aux systèmes d'administration des provinces conquises. Pas question de remettre en cause les langues des anciens maîtres, comme le grec et le latin. Des traducteurs jouent alors les intermédiaires.

1. L'hégire, point de départ du calendrier musulman, débute en 622, date de la « migration » de Muhammad et ses fidèles vers Médine.

Avec l'arrivée au pouvoir, à la fin du VIIe siècle, du calife Abd al-Malik (685-705), cette position évolue. Les Omeyyades, première dynastie héréditaire de l'Islam, qui règnent sur le territoire à partir de Damas, sont gravement contestés : il y a une sécession à La Mecque, une révolte en Irak et au Maghreb. Le calife veut rétablir l'ordre. Dans cette optique, entre autres réformes, il décide d'imposer l'arabe comme unique langue officielle et administrative sur l'ensemble de l'empire.

Texte de référence religieuse, idéologique et juridique de la nouvelle communauté, le Coran, parce qu'il est fixé dans une *koinè* primitive, se prête à des lectures divergentes. Pour mettre fin aux confusions, sources de conflits, Abd al-Malik constitue une commission spécialisée. Sa mission : rendre univoque la lecture du texte coranique. La mise en œuvre, colossale, de cette réforme radicale prendra plus de dix ans.

Les grammairiens à l'œuvre

La grammatisation intervient quelques décennies plus tard, sous l'égide du pouvoir abbasside, qui renverse le califat omeyyade, en 750.

Les grammairiens, arabes et non arabes, font preuve d'une énergie et d'une intelligence prodigieuses pour analyser la langue à partir d'un corpus contenant les poésies antéislamiques, le Coran et l'ensemble des dialectes bédouins de la péninsule Arabique.

La première grammaire arabe complète que l'on connaît est celle de Sibawayh, un Persan venu à Basra pour étudier le droit. Il analyse la grammaire arabe avec une mentalité de juriste : les mots ont des droits et des devoirs les uns par rapport aux autres. Certains sont plus forts, d'autres plus faibles. Tel est son credo.

Son texte, *Kitab,* sera la matrice de toutes les recherches dans la tradition grammaticale arabe. Il faudra un siècle, après sa mort, pour que le livre de Sibawayh s'impose comme manuel de base. C'est Al-Mubarrad qui recueille son héritage et va former des disciples à sa grammaire.

Dans son ouvrage *Sibawayhi* (2004), l'historien Michael G. Carter montre la hiérarchie des données que l'auteur de *Kitab* utilise : la langue spontanée des Bédouins ; la langue de la poésie ; la langue du Coran ; la langue du hadith ; les proverbes et expressions idiomatiques ; enfin, les créations *ad hoc* du grammairien.

5. Une formidable évolution

On pourrait imaginer l'arabe promis à une grande stabilité, à une rigidité même, en raison de l'origine divine du Coran. Il n'en est rien.

La langue connaît une évolution à travers le temps, grâce au travail des commentateurs du texte sacré et des autres savants de l'Islam s'attachant à l'histoire, à la géographie et surtout à l'*adab*, c'est-à-dire aux belles lettres. Grâce aussi à sa prodigieuse extension, du VIIIe au XIIe siècle, qui la voit devenir la langue officielle des Empires omeyyade (650-750) puis abbasside (750-1258). L'expansion de l'arabe classique se fait par trois composantes internes.

Une langue à l'ambition éthique et esthétique

La première composante met en jeu l'essor de la langue administrative, lié à l'extraordinaire développement de l'État central et de ses appendices régionaux, d'une part, et des belles lettres, d'autre part.

Les nouvelles structures étatiques voient émerger une nouvelle caste importante de *kuttab*. Ces secrétaires, souvent d'origine persane, introduisent leurs traditions dans la pratique de la langue de l'administration, avec une caractéristique cruciale : le développement d'une conception à la fois éthique et esthétique de l'écriture, y compris de l'écriture administrative.

Le premier grand texte en prose de l'arabe, après le Coran, c'est *Kalila wa Dimna,* que nous avons déjà évoqué précédemment. Son auteur, Abdallah ibn al-Muqaffa, un Persan converti, compte parmi les plus éminents *kuttab.*

Aux sources de *Kalila wa Dimna,* il y a les fables écrites par un brahmane inconnu, vers 200, dans le sanskrit de l'Inde, par la suite traduites en pehlevi et en syriaque.

Dans l'adaptation en arabe d'Ibn al-Muqaffa, autour de 750, les aventures des deux chacals, Kalila et Dimna, traitent sur un mode cocasse de l'amitié, de la trahison, du rôle du savoir ou de la justice, dans une structure narrative construite sur l'emboîtement des histoires. On l'a vu, La Fontaine s'en inspirera pour élaborer une vingtaine de ses célèbres *Fables*.

Le Coran analysé sous toutes les coutures

La deuxième composante qui contribue à l'extension de la langue arabe, c'est l'activité que génère le texte coranique en termes d'exégèse, de description, d'expansion, d'interprétation. Elle va donner naissance à la lexicographie et aux enquêtes linguistiques menées sur le terrain. Autant de recherches qui nous renseignent sur les fameux dialectes de l'Arabie ancienne.

Le décorticage de la morphologie et de la syntaxe fait éclore la grammaire. Et, avec un certain décalage, le style coranique, essentiellement autour du thème de son inimitabilité, qui va donner lieu à la rhétorique.

Entre le VIIIe et le XVIe siècle, il existe plus de 4000 grammairiens de l'arabe. Leur travail se concentre sur la standardisation de la langue. Au Xe siècle, ce qui intéresse d'abord ces théoriciens, c'est d'apprendre aux peuples conquis – et aux Arabes eux-mêmes – à parler une langue correcte.

L'émergence d'un arabe néoclassique

Troisième composante : les sciences profanes – mathématiques, géographie, astronomie, astrologie... – sont introduites par le biais de la traduction des traités des Anciens, puis développées ultérieurement en langue arabe. Un champ lexical d'envergure se développe dans tous les domaines : grammaire, physique, philosophie... Chaque discipline a son lexique.

L'essor des ressources et des capacités syntaxiques de la langue apporte à ces nouveaux textes, écrits dès l'origine, des outils d'articulation logique, d'argumentation et de cohésion. Une véritable syntaxe est créée. On a parlé, à ce propos, d'un arabe néoclassique, pour l'opposer à l'arabe ancien de la poésie et du Coran.

L'âge d'or des sciences arabes

Longtemps occulté, l'apport des savants arabes au développement scientifique de l'Europe est immense. À partir du VIIIe siècle et jusqu'au Xe siècle, les souverains de l'Empire musulman financent la traduction de multiples ouvrages scientifiques anciens, initialement écrits en grec, en latin, en syriaque, en sanskrit ou en pehlevi. Au sein de la Maison de la sagesse à Bagdad, le calife regroupe des savants et traducteurs de toutes origines afin de débattre et faire progresser les sciences.

Non contents de mettre au jour cette manne héritée du passé, les spécialistes développent de nouvelles disciplines. Ainsi, les mathématiciens arabes ont littéralement inventé l'algèbre, dérivation européenne du mot *al djabr*, qui apparaît, pour la première fois, dans un livre, *Ilm al djabr w'al muqàbalah*, rédigé, vers 830, par un mathématicien d'origine persane, Al-Khwarizmi, dont le nom est à l'origine du mot « algorithme ».

Autre discipline phare de cet âge d'or des sciences arabes, qui s'étend du VIIIe au XIVe siècle, l'astronomie, quant à elle, fourmille, encore aujourd'hui, d'appellations issues du monde arabo-musulman. On pourrait également citer l'alchimie et la chimie, qui proviennent directement de l'arabe *al-kimiya*. Dans les domaines scientifiques, la langue arabe est celle de l'élaboration et de la transmission des savoirs, à l'image de ce que sera le latin dans l'Europe médiévale.

Justement intitulée *L'âge d'or des sciences arabes*, l'exposition conçue par l'Institut du monde arabe en 2005 montrait que l'ensemble des domaines scientifiques avaient bénéficié des recherches des savants arabes avant une transmission à l'Occident par le biais de traducteurs et d'échanges. Et ce spectaculaire essor scientifique a pu exister grâce à l'emploi d'une langue de travail unique : l'arabe.

Des millions de mots

L'islamologue Jacques Berque rapporte qu'un philologue arabe de l'époque estimait à environ 19000 le nombre de racines constituées à partir de trois lettres, susceptibles, par dérivation, d'être multipliées par 100. Un calcul permet de penser que la langue arabe dispose alors d'un lexique virtuel de 1,9 million de mots.

Selon Abu Bakr al-Zubaydi, jurisconsulte et poète né en Andalousie au Xe siècle, ce nombre atteint 6,5 millions si on comptabilise les bi-, tri-, tétra- et pentasyllabes.

Cette prolifération lexicale confère à la langue arabe une précision et une faculté d'expression considérables. La richesse sémantique est un facteur de puissance évocatrice, car elle favorise les jeux de mots, l'hyperbole, l'implicite et les significations sous-jacentes. En témoignent les *Maqamat* (ou « Séances »), un genre littéraire en prose rimée qui délivre un message éthique et philosophique par le truchement de scènes de mœurs divertissantes. Les *Maqamat* de l'Irakien Al-Hariri (1054-1122) en fournissent un modèle inégalé, à l'origine de nombreuses copies manuscrites et illustrées du vivant de l'auteur.

Arabisation et islamisation, deux processus distincts

Il existe des arabophones non musulmans et, aujourd'hui, l'écrasante majorité des musulmans n'est pas arabophone. Il y a donc une décorrélation entre arabisation et islamisation, deux mécanismes distincts.

En outre, devenir musulman – par la conversion – est un processus instantané : il suffit de se déclarer musulman. Même si devenir un bon musulman prendra, éventuellement, plus de temps.

En revanche, on ne devient pas arabophone du jour au lendemain, mais par un long processus qui réclame souvent d'avoir vécu dans un pays arabe. On a ainsi parlé très longtemps arabe et araméen dans les plaines syriennes, arabe et copte dans la vallée du Nil. L'arabe et le berbère, quant à eux, cohabitent encore dans les pays d'Afrique du Nord.

L'arabisation s'est donc déployée sur plusieurs siècles et, dans certaines régions comme au Maghreb, elle s'est poursuivie jusqu'au XXe siècle.

6. La *Nahda* : une renaissance culturelle

Influencé par les échanges de plus en plus nombreux avec l'Europe, notamment après l'expédition de Bonaparte et la présence des saint-simoniens en Égypte, un mouvement intellectuel et culturel se développe, au XIXe siècle, dans les provinces arabes de l'Empire ottoman. C'est la *Nahda* (que l'on peut traduire par « renaissance »). Cette période d'effervescence, qui permettra l'essaimage de centres d'édition dans la région arabe, s'étend du début du XIXe siècle jusqu'à l'issue de la Grande Guerre.

L'idée véhiculée par les lettrés arabes de ce courant majeur est la suivante : si les valeurs européennes incarnent, pour l'heure, la modernité, celle-ci conserve une dimension universelle à laquelle tous les peuples peuvent accéder.

Face à l'Europe en pleine révolution industrielle, confrontés aux difficultés sociales et politiques de l'Empire ottoman, ces intellectuels de langue arabe considèrent que le monde musulman doit à la fois combler un retard et défendre son identité. Ils prônent un panarabisme fier, unifié par la langue arabe et loin de tout confessionnalisme.

L'emprunt à l'Occident

D'un côté, la *Nahda* entend emprunter aux Occidentaux ce qui fait leur force : la culture d'État, l'amour de la patrie, l'instruction publique, l'introduction de nouveaux genres, comme la presse, le roman ou le théâtre.

De l'autre, elle veut revivifier le patrimoine et l'identité arabes en réformant les institutions religieuses et en constituant un imaginaire de l'âge d'or du monde arabe autour des Empires omeyyade et abbasside, et de l'Andalousie perdue.

Ce mouvement multiforme réunit des hommes et des femmes de religions et d'horizons différents. Il est centré sur l'arabe, mais dialogue avec les autres langues du territoire : le turc, le persan et les langues européennes.

Une civilisation levantine, originale et francophone émerge à Beyrouth, à Alexandrie, à Alep et au Caire. En Égypte, le vice-roi Mohammed Ali (qui régna de 1805 à 1849) fait de l'arabe la langue officielle en remplacement du turc.

Au service du monde moderne

La langue est la grande affaire de la *Nahda*. En rupture avec les usages du passé, les intellectuels du mouvement veulent faire de l'outil linguistique un instrument efficace de la transmission d'informations et des nouveaux concepts modernes.

Les lettrés traduisent, paraphrasent et inventent des mots pour rompre les servitudes des archaïsmes et étendre le vocabulaire à la nouvelle dimension du monde qui les entoure. Trois figures phares incarnent cet élan, mis en lumière dans l'exposition *Chrétiens d'Orient* de l'IMA : le Libanais Boutros al-Boustani, les Égyptiens Rifa'a al-Tahtawi et Yaqub Sannu.

Le premier, grammairien chrétien maronite, est l'homme-orchestre du *Cycle des connaissances*, la première encyclopédie en arabe. Le deuxième, théoricien de l'éducation avant-gardiste, prône inlassablement une réforme intellectuelle du monde ottoman. Le troisième, journaliste et dramaturge, modernise l'usage de la langue par le biais du théâtre et de la satire.

2

UNE LANGUE DANS TOUS SES ÉTATS

1. Sacrée ou sacralisée ?

Pour les musulmans croyants du monde entier, l'arabe est la langue avec laquelle Dieu s'est adressé aux hommes. C'est la seule langue de référence pour le droit musulman, la théologie et l'exégèse.

Néanmoins, dans quelle mesure peut-on la qualifier de sacrée ? Le terme même n'a aucun équivalent en langue arabe.

En 848, le calife abbasside Al-Mutawakkil instaure le dogme du Coran « incréé, éternellement auprès de Dieu », qui va donner à la langue arabe une dimension importante : elle relie le monde surnaturel, *al-ghayeb*, au monde humain.

L'arabe est hissé à un rang tellement éminent que, désormais, la grande compétence pour discerner la vérité dans le monde musulman n'est pas la logique ni la théologie, mais la grammaire.

On considère souvent la langue comme le produit exclusif de l'islam. À tort. Car musulmans, chrétiens et juifs participent ensemble au développement de l'arabe.

Une langue façonnée en partie par les chrétiens

Langue de la liturgie musulmane, elle est également celle de plusieurs Églises chrétiennes orientales (coptes, maronites, syriaques, melkites, chaldéennes...), comptant plusieurs dizaines de millions de fidèles qui prient tous les jours en arabe. L'exposition *Chrétiens d'Orient* à l'Institut du monde arabe en 2017 montrait ainsi que, dès la fin du VIIIe siècle, une littérature chrétienne en arabe voit le jour. D'ailleurs, le premier livre imprimé en langue arabe est chrétien : le *Psautier de Qozhaya* (1610), édité dans la vallée de Qadisha, au Liban.

À Bagdad, sous le règne des Abbassides (750-1258), les chrétiens traduisent en arabe moult textes grecs et syriaques. Sous le règne des califes chiites fatimides (969-1171), quand Le Caire devient un centre intellectuel incontournable de la région, la production variée de nombreux écrivains coptes incarne l'apogée de la littérature arabe chrétienne médiévale.

À partir du XVIIIe siècle, les chrétiens créent, en Syrie puis au Liban, les premières imprimeries de langue arabe, et publient, à Constantinople, le tout premier journal de langue arabe. Ils fondent aussi des écoles et font évoluer la grammaire.

Des Juifs arabophones

Au XIIe siècle, l'ouvrage majeur de la philosophie juive, *Dalâlat al-hâ'irin* – littéralement, « Guide des égarés » –, est écrit par Moïse Maïmonide en langue arabe, puis traduit en hébreu. Il s'adresse à ceux qui n'arrivent pas à concilier religion et vérités rationnelles.

De nombreuses communautés juives établies dans les Empires musulmans sont alors arabophones. Elles écrivent en judéo-arabe[1] et étudient les textes bibliques en hébreu.

Au XIIIe siècle, les fortes migrations des Juifs du Maghreb vers la Sicile ont certainement renforcé l'arabophonie. Ces communautés conservent, comme langue vernaculaire, une variété d'arabe morphologiquement proche des parlers arabes juifs maghrébins, mêlée de langue sicilienne.

Aucune langue n'est sacrée en soi

Pour les linguistes, aucune langue n'est sacrée en soi. Car le sacré est une conception religieuse et non linguistique. Comme dans la plupart des langues, il y a une histoire idéologique et une histoire linguistique de la langue arabe.

D'ailleurs, l'arabe n'est pas le seul concerné par cette dichotomie. D'autres langues revêtent un statut religieux et sacralisé. C'est le cas de l'hébreu, bien sûr, mais aussi du sanskrit, et même du grec : rappelons qu'en Grèce le clergé orthodoxe refuse, jusqu'en 1924, la traduction du Nouveau Testament en langue moderne.

Ces phénomènes n'ont rien de spécifique à la langue arabe. Ce qui lui est propre, c'est la persistance et la coexistence de plusieurs variantes assez différentes à l'écrit. C'est

1. L'arabe écrit en caractères hébreux.

certain, le prestige du Coran a favorisé cette spécificité. Pour le reste, l'arabe n'est pas différent des autres langues.

2. Une diglossie au quotidien

Quand on apprend l'arabe, on accède à un « bouquet » de versions de celui-ci. Il faut au lecteur non averti entrer dans leur complexité. C'est ce que les linguistes appellent une diglossie : la coexistence sur un territoire donné de plusieurs variétés d'une même langue, avec des usages différents.

C'est l'un des paradoxes de cette si belle langue : l'arabe moderne et l'arabe classique n'ont jamais été utilisés comme langues maternelles. Personne n'a jamais parlé l'arabe moderne à ses enfants, de même que nul ne s'est exprimé, dans la vie de tous les jours, en arabe coranique. Chacun a continué à utiliser son dialecte pour communiquer à l'oral.

Une multitude de dialectes

Aujourd'hui, plusieurs variétés coexistent à l'écrit : la poésie ancienne antéislamique, l'arabe coranique du VIIe siècle, l'arabe classique d'empire codifié autour du Xe siècle et l'arabe moderne hérité de la *Nahda* au XIXe siècle.

À l'oral, on trouve une multitude de dialectes, héritiers des parlers bédouins anciens et des échanges avec les populations conquises. Dans chaque pays arabe, il peut y avoir plusieurs dialectes, inter-compréhensibles de proche en proche. Ce sont donc les versions écrites de la langue qui font le lien entre les pays arabes.

De nos jours, celui qui étudie l'arabe peut lire des documents vieux de treize siècles. Il est face à un héritage culturel et linguistique immense, alors même qu'un étudiant français n'est à l'aise qu'avec des textes remontant à trois siècles à peine. Écrits en vieux français, Rabelais et Montaigne ne lui sont déjà plus accessibles dans les textes d'origine.

Les médias adoptent la langue standard

Les états de la langue ne se remplacent pas, ils coexistent. Aujourd'hui, la journée lambda d'un arabe musulman le voit exposé à l'arabe coranique lorsqu'il prie, à l'arabe moderne quand il regarde les informations à la télévision et à un, voire deux dialecte(s) le reste du temps.

Le nouveau standard, pensé par la *Nahda*, est celui de l'arabe moderne – dit aussi arabe littéral – qui a cours aujourd'hui dans la presse, mais que personne ou presque ne parle au quotidien. La langue standard continue d'évoluer, grâce aux talk-shows, notamment. Elle s'utilise de plus en plus à l'oral dans les médias, ce qui n'était pas le cas il y a vingt ans.

Les dialectes, que certains voudraient voir disparaître, et d'autres, au contraire, triompher, coexistent tout à fait pacifiquement, que ce soit entre eux ou avec la langue littérale, qui reste celle de la communication.

L'arabe maghrébin et l'arabe oriental

Les spécialistes des dialectes distinguent l'arabe maghrébin – ou occidental – de l'arabe oriental.

Le premier regroupe les variétés parlées au Maroc, en Mauritanie, en Algérie, en Tunisie, en Libye et dans certaines régions de l'Ouest égyptien. Le second rassemble celles parlées dans presque toute l'Égypte, au Soudan, en Jordanie, en Palestine, en Syrie, au Liban, en Irak et dans la péninsule Arabique.

Qu'est-ce qui les différencie dans leurs sonorités ? Les parlers maghrébins, principalement au Maroc et en Algérie, tendent à simplifier l'utilisation des voyelles. Par exemple, chez un Algérien, *ktab* (livre), *djaj* (poulet) ou *sma* (ciel) deviennent *kitab*, *dajaj* et *sama* dans la bouche d'un Syrien.

Chansons et feuilletons, un rôle phare

Au Moyen-Orient, les chansons, les films et les feuilletons égyptiens jouent un rôle important par leur création d'une culture d'expression dialectale commune. Les nombreuses productions cinématographiques égyptiennes, notamment dans les studios Misr, tout comme les grandes divas de la chanson, telle Oum Kalsoum, font que le dialecte égyptien assez bien compris de l'ensemble du monde arabe, l'inverse n'étant pas vrai.

Aucun des dialectes parlés dans le monde arabe n'a aujourd'hui le statut de langue nationale. Cependant, l'espace qu'ils occupent dans la sphère publique est grandissant et la tendance de certaines politiques linguistiques laisse penser qu'un jour, peut-être, toutes ces langues accéderont à une reconnaissance officielle aux côtés de l'arabe standard.

3. Un monde en mutation

À l'horizon des années 1800 et jusqu'au début des conquêtes coloniales, le monde arabe, à l'exception du Maroc, fait partie du territoire ottoman, avec, d'Alger à Bagdad, le même système institutionnel qui gouverne les sociétés qui le composent.

Aujourd'hui, cet ensemble représente 420 millions de personnes réparties sur 26 pays, tous contigus, allant de la

Mauritanie, à l'ouest, jusqu'à l'Irak, à l'est, et formant un arc sur les rives sud et est de la Méditerranée.

Les médias de masse ont contribué à maintenir une culture arabe commune, du Golfe jusqu'à l'océan Atlantique. L'imprimé, d'abord, au XIXe siècle; puis le cinéma, la radio et les disques dans l'entre-deux-guerres; les télévisions satellitaires, ensuite; et l'Internet, aujourd'hui.

L'arabe est la langue parlée dans le plus grand nombre de pays (61), après l'anglais (101) et devant le français (51). En revanche, c'est une langue essentiellement parlée par les populations autochtones, encore très peu enseignée comme langue étrangère.

C'est la langue d'une région jeune, qui, contrairement aux idées reçues, s'ouvre sur le monde. On peut mesurer cette ouverture grâce à quelques indicateurs:

- **L'alphabétisation.** Elle donne accès au savoir, au monde des idées, à d'autres possibles et déstabilise les sociétés en instaurant une « démocratie devant l'écrit », qui met à mal le monopole de l'élite sur le savoir.
- **L'alphabétisation des jeunes.** Elle mesure la dynamique d'alphabétisation avec des écarts intergénérationnels significatifs dans le monde arabe. Certains sociologues et démographes relèvent une corrélation entre le passage à un taux d'alphabétisation élevé et la survenance d'une révolution politique.
- **L'urbanisation.** Le monde arabe compte nombre de grandes villes, dont 8 parmi les 100 plus grandes métropoles de la planète. 1 habitant sur 2 vit en zone urbaine. Ce chiffre masque toutefois une grande diversité de situations: les pays du Golfe comptent désormais plus de 90% de citadins, à la différence des pays périphériques (Yémen, Soudan, Mauritanie).

- **La connexion.** Près de la moitié de la population arabe est connectée à Internet. En 2018, 92% des 18-24 ans surfent sur la Toile et 94% des internautes déclarent consommer des contenus en langue arabe. Cela peut surprendre, mais il y a plus d'internautes arabophones que francophones, germanophones ou lusophones.

L'arabe est la quatrième langue d'Internet en nombre d'utilisateurs. Même si les contenus arabophones n'y figurent qu'en dixième position, on peut espérer, à très court terme, un rattrapage significatif sur la Toile.

Comment penser la modernité?

Toutes ces mutations comprennent leur lot de défis. Une question centrale se pose aux sociétés arabes: comment penser la modernité? Le rapport à la langue est, plus d'un siècle après la *Nahda*, au cœur de ce questionnement.

Deux visions s'affrontent. Celle des partisans de la langue pure et classique, qui déplorent son massacre. Et celle de ceux qui pensent qu'il faut la moderniser et la simplifier: la diriger vers les masses et non plus vers les élites, en investissant dans l'éducation.

D'aucuns perçoivent un déclin de la langue standard classique dans les pays arabes. Bien que certains se réjouissent du renforcement des dialectes, en tant qu'affirmation d'identités, le recul de l'arabe standard est un avertissement quant à l'affaiblissement de l'infrastructure sociale et du système éducatif en déclin.

La dégradation de certaines économies, les guerres et la censure comptent parmi les principaux facteurs du recul de la langue classique. Leur association a décimé les classes éduquées dans les pays arabes, de tous ceux qui sont capables de lire et écrire en arabe standard classique.

Le recours forcé à l'anglais

Les progrès technologiques et scientifiques constituent un sérieux défi pour l'arabe. La plupart des avancées mondiales sont exprimées dans d'autres langues. Conséquence : le monde arabe se rapproche de l'anglais, langue par laquelle toutes les formes de sciences modernes peuvent être appréhendées.

Les académies de langue arabe déploient des efforts considérables pour la traduction et l'arabisation des termes scientifiques. Mais le rythme effréné des progrès en matière de sciences et la multiplication des termes qui s'y rattachent rendent très difficile la tâche de ces universités.

En outre, la quantité de contenus arabes sur Internet, devenue la principale plateforme de publications et d'informations dans le monde entier, reste insignifiante au regard des autres langues. Elle représente moins de 3 % du Web, ce qui oblige les Arabes à utiliser l'anglais pour suivre ce qui est publié sur la Toile.

La carte du plurilinguisme

Plus qu'ailleurs, le monde arabe est au cœur du combat pour le plurilinguisme. Délaissée par les élites de la région qui lui préfèrent l'anglais, la langue standard souffre aussi de la façon dont les Arabes la perçoivent : une langue des situations formelles. L'usage de cet arabe littéral se limite de plus en plus aux contextes politiques et religieux, souvent associés à des systèmes oppressifs et conservateurs.

Le petit écran – à l'exception des journaux télévisés et de rares débats –, le cinéma et les réseaux sociaux sont tous dominés par l'arabe *colloquial*, familier, propre à chaque pays.

Le cas des réseaux sociaux est particulièrement intéressant car ils possèdent leur propre langage : l'*arabizi*, contraction d'arabe et d'*inglizi* (« anglais », en arabe).

Malgré tout, l'avènement de ces nouvelles formes d'arabe, porteuses de modernité et d'ouverture, est un signe évident de vitalité linguistique et culturelle.

4. Une langue à unifier

Au fil de l'histoire, de nombreux mots nouveaux ont été créés et introduits dans la langue, pour répondre à des besoins spécifiques. Trois vagues de néologismes ont ainsi déferlé sur l'arabe.

Une pluie de nouveaux termes

La première fait suite à la traduction d'ouvrages grecs et mazdéens par les savants de l'Empire abbasside à partir du IXe siècle. Des termes philosophiques sont intégrés dans la langue, tels *falsafa* (philosophie) et *hayoula* (matière). D'autres, issus des milieux bédouins, voient leur sens s'étendre aux sphères plus abstraites qui ont leur source dans le Coran. Le mot *aql* (licol attachant les dromadaires) va, par exemple, désigner aussi « l'intellect ».

La deuxième vague néologique survient pendant la *Nahda*, au XIXe siècle, quand le parler arabe s'enrichit de notions modernes occidentales, dans les domaines politique, technique et culturel, qu'il faut nommer et introduire dans la langue arabe.

La dernière vague s'abat sur la langue au mitan des années 1990. Elle est provoquée par la formidable expansion des médias arabes (presse écrite, chaînes de télévision, sites Internet) au-delà des frontières de son territoire. Une multitude de termes et d'expressions, reflets de la vie moderne, surgissent, comme *bia* (environnement) ou *taira douna tayyar* (drone).

Une académie unifiée de la langue?

Dans son ouvrage *Fi sohbat al-arabia* («En compagnie de l'arabe»), paru au début de l'année 2019, l'historien et linguiste libanais Ahmad Beydoun plébiscite cette déferlante médiatique planétaire: selon lui, en plus d'être le signe d'une grande vitalité, elle redonne à l'arabe moderne standard sa fonction première d'outil de communication.

Ahmad Beydoun pointe, notamment, l'effort à accomplir par la langue pour harmoniser ses usages. Si l'arabe littéral est le même partout, pas moins de 11 académies sont actuellement réparties sur son territoire. Le linguiste plaide, à juste titre, pour la création d'une académie unifiée, où des dictionnaires seraient produits en tenant compte de l'évolution ultra-rapide de la langue.

III

HEURTS ET BONHEURS DE L'ENSEIGNEMENT DE L'ARABE

L'image de l'arabe comme langue d'excellence, voire comme langue ordinaire, est inexistante dans la société française aujourd'hui. Elle est totalement recouverte par une autre perception, dévalorisée et dévalorisante, parfois aux yeux mêmes des élèves. Pourtant, la France est le seul pays du monde occidental à l'enseigner à tous les niveaux, de l'école primaire à l'université et aux grandes écoles. De nombreuses sections internationales et classes bilangues ont même été ouvertes : elles sont des dispositifs performants et d'excellence, qui correspondent à une forte demande sociale bien réelle, à rebours de cette image dépréciée.

1

L'ARABE AU BAN DE L'ÉCOLE[I]

1. Un état des lieux alarmant

Si la langue est politique par essence, son enseignement l'est tout autant. Impossible de formuler des propositions sur l'enseignement de l'arabe à l'école sans avoir, explicitement ou non, une position sur des questions clivantes, telles que l'intégration ou l'assimilation, la pluralité culturelle ou le communautarisme, la laïcité et l'islam, la délinquance dans les quartiers…

De fait, on associe très souvent l'enseignement de la langue arabe à la pauvreté, à l'échec scolaire : cela devient stigmatisant. Il faut continuer à créer des filières attractives aux yeux des parents, en quête d'excellence pour leurs enfants, pour que l'arabe ne soit plus perçu comme une langue réservée aux élèves issus de l'immigration, circonscrite aux établissements en zone prioritaire.

I. L'intitulé fait référence à un article de Florence Aubenas, paru dans le journal *Le Monde*, le 12 juin 2015.

Quelques chiffres-clés

En 2018, la langue arabe est enseignée à moins de 15 000 élèves, collège, lycée et enseignement professionnel confondus. Soit 0,3 % des enseignements de langue étrangère, moins que le chinois ou l'italien[1]. Seuls 1 enfant sur 1 000 à l'école primaire et 2 sur 1 000 au collège apprennent l'arabe.

La langue est enseignée dans 359 établissements secondaires (collèges, lycées), implantés pour l'essentiel dans les grandes agglomérations françaises. 180 professeurs en ont la charge, dont un petit quart d'agrégés. En France, il y a moins d'enseignants d'arabe que… d'occitan !

Le développement, depuis 1989, d'un apprentissage précoce des langues étrangères pour les élèves a peu profité à l'arabe, qui n'est que très rarement proposé : 0,05 % des écoliers y sont initiés, quand 91 % le sont à l'anglais, 7,6 % à l'allemand, 1,3 % à l'espagnol, 0,7 % à l'italien et 0,1 % au portugais.

2. Les atouts d'une mal-aimée

L'enseignement de l'arabe sur le territoire français dispose pourtant d'atouts précieux.

Tout d'abord, le capital linguistique et culturel de l'arabe concerne une vaste et importante région du monde, avec laquelle la France entretient des rapports étroits et anciens, aux plans économique, technologique, culturel et politique.

1. Chiffres de la Direction de l'évaluation, de la prospective et de la performance (DEPP) du ministère de l'Éducation nationale et de la Jeunesse pour l'année 2018.

Ensuite, la présence sur notre territoire d'une population issue de l'immigration et l'histoire partagée qu'elle porte, entre France et monde arabe, sont à même de faire vivre la langue et les cultures arabes.

Enfin, grâce à la place brillante qu'occupent les études arabes, depuis plusieurs siècles, dans son espace culturel et universitaire, la France dispose d'un potentiel exceptionnel de formation et de recherche, ainsi que d'un capital d'enseignants et de spécialistes de ce domaine.

L'attractivité des cultures arabes

L'intérêt du public pour les cultures arabes est réel, comme l'illustre, notamment, l'attrait croissant pour les activités culturelles menées autour de l'Institut du monde arabe. Je citerai, parmi d'autres, deux expositions emblématiques organisées à l'IMA et plébiscitées par le public français, tous âges et horizons confondus.

Celle de l'hiver 2012 consacrée aux *Mille et Une Nuits*, chef-d'œuvre de la littérature universelle qui tisse, encore de nos jours, un lien exceptionnel entre l'Orient et l'Occident. Et celle de 2017, quand nous avons réuni, pour la première fois en France – à l'initiative de sa majesté le roi Mohammed VI –, des manuscrits rarissimes issus de l'exceptionnel patrimoine écrit du Maroc depuis quatorze siècles et conservés aujourd'hui à la Bibliothèque royale de Rabat.

Rappelons aussi que Paris est une capitale mondiale de la littérature arabe. Le succès remporté par les traductions d'œuvres écrites en langue arabe en témoigne. *Ô nuit, ô mes yeux*, l'épopée graphique de Lamia Ziadé, par exemple, est un best-seller dans l'Hexagone.

Autre témoignage fort de l'attrait des cultures arabes exercé sur nos compatriotes : l'engouement pour les musiques arabes contemporaines – le raï, lors de son explosion dans les années 1990, en étant le parfait exemple. Quant aux cinéastes arabes, de plus en plus visibles dans les festivals internationaux (Cannes, Venise, Berlin...), ils rencontrent un public qui va croissant dans l'Hexagone, en portant à l'écran les problématiques des sociétés arabes actuelles.

Il faut le dire avec force : les cultures arabes, et d'abord les créateurs d'origine arabe travaillant dans l'Hexagone, leur foisonnement extraordinaire de créativité, d'invention, contribuent de façon majeure au rayonnement d'une France arc-en-ciel. La puissance culturelle de notre pays ne serait pas la même sans eux. Soyons-en conscients, et fiers.

3. Un programme riche en ressources

Au sein de l'Éducation nationale, l'enseignement de la langue arabe se fait conformément au Cadre européen commun de référence pour les langues (CECRL). Il s'agit de dispenser des cours laïques, républicains, modernes, loin de toutes considérations religieuses, ethniques, idéologiques ou nationalistes. Sur les bancs de l'école française, on enseigne l'arabe moderne standard.

Voilà qui implique de nouvelles pratiques pour les enseignants : donner la primauté à l'oral en classe. La loi, récente, de juillet 2019, précise que chaque élève doit être capable de communiquer dans au moins deux langues vivantes à la fin de l'enseignement secondaire. Les élèves y sont sensibilisés dès le CP.

Enseigner une langue vivante suppose la combinaison de ses deux dimensions que sont la langue et la culture, si intimement liées que les considérer séparément contribue à nier ce qu'est véritablement une langue.

Pour l'arabe, les ressources ne se limitent pas aux documents utilisés en classe, elles sont collectées dans les musées et les institutions culturelles, comme le Musée des civilisations de l'Europe et de la Méditerranée (Mucem), à Marseille, et l'IMA, à Paris, ou à Tourcoing, dans son antenne des Hauts-de-France. Les élèves y découvrent la richesse patrimoniale du monde arabe via des ateliers ludiques.

Les thèmes abordés évoluent

- **Du CP au CE2,** l'enfant va se familiariser avec le vocabulaire lié à la vie quotidienne et au temps (heures, jours, mois...). On le stimule par le biais de contes et de récits populaires dont la culture arabe abonde.
- **Du CM1 à la 6e,** les élèves entrent dans la réalité de la langue et la diversité des cultures : anatomie, modes de vie, goûts et sentiments, fêtes et traditions, repères géographiques, historiques et culturels.
- **De la 5e à la 3e,** l'élève se familiarise avec les codes socioculturels, les dimensions géographiques et historiques du monde arabe à l'aide de graphiques. Il découvre les médias et les langages artistiques propres à cette civilisation.

4. Ouvrir des classes d'arabe, où et comment ?

Un travail sur le parcours linguistique et éducatif de l'élève doit être mené : Il faut assurer une continuité entre le primaire, le collège et le lycée, d'un côté, et l'enseignement supérieur, de l'autre.

Cela implique de travailler sur la carte des langues. Les acteurs de l'Éducation nationale décident ensemble du positionnement des enseignements linguistiques sur le territoire français. Le nombre d'établissements n'étant pas extensible, il faut donc trouver l'équilibre entre l'offre de langues et les infrastructures nécessaires pour monter un enseignement de qualité.

Porter un projet viable

Une discussion intelligente doit être menée pour localiser et répertorier les enseignants d'arabe à même, avec l'appui d'une équipe pédagogique engagée, de porter un projet viable au niveau de l'établissement. Seule la réflexion centrée sur un même périmètre rend une ouverture de classe pertinente. Un travail est mené dans ce sens depuis une dizaine d'années pour créer des parcours cohérents dans des secteurs porteurs et pour optimiser les ressources.

Il convient aussi d'ancrer l'apprentissage de la langue dans des projets plus larges, par exemple celui d'une Webradio porté par des élèves avec le soutien de l'IMA. L'apprentissage prend alors une dimension concrète. Et on peut y associer les professeurs d'autres matières (histoire-géographie, lettres...), comme cela se pratique dans le cadre des EMILE (enseignements d'une matière intégrés à une langue étrangère).

Le modèle dépassé des ELCO

Avant la généralisation de l'enseignement des langues vivantes étrangères (LVE) à l'école primaire, étaient proposés des enseignements de langues et cultures d'origine (ELCO), à destination quasi exclusive des enfants issus de l'immigration.

Régis par des conventions signées, de 1973 à 1986, entre la France et huit pays partenaires, les ELCO ont vu leur finalité évoluer au cours des années : de la volonté de préparer un retour au pays d'origine, on est passé à l'idée de maintenir des liens avec celui-ci.

Les ELCO sont une sorte d'électron libre dans le paysage scolaire : peu de pilotage ; peu d'inspections ; des programmes souvent calqués sur ceux des pays d'origine ; des professeurs formés, mis à disposition et rémunérés par leur terre natale, sans qu'ils soient toujours capables d'enseigner leur langue en tant que langue étrangère.

Un nouveau dispositif en vue

Ces ELCO sont amenés à se transformer en EILE (enseignements internationaux de langue étrangère) dispensés aux élèves sur leur temps libre. Cette réforme permettra de valoriser, par une plus-value pédagogique, l'apprentissage de l'arabe, de l'inscrire pleinement dans le cadre d'une politique linguistique cohérente et diversifiée. Deux pays, le Portugal et la Tunisie, ont déjà adopté ce nouveau dispositif.

Prenons l'exemple de Grenoble où, sur les bancs de l'école Menon, les ELCO d'arabe ont toujours cours. On y trouve de plus en plus d'enfants sans lien familial avec la langue. Il y a encore trois ans, il fallait justifier d'une « origine » pour y participer. Aujourd'hui, ils sont accessibles à tous. Des enfants 100 % francophones les considèrent comme des activités extrascolaires. Parfois, c'est la curiosité d'apprendre la langue des copains qui les motive.

On le voit, mixer les publics, c'est possible !

Une méthode novatrice à l'IMA

Qui dit «enseignement», dit «manuels». L'école Menon de Grenoble utilise, par exemple, les outils des lycées français à l'étranger (AEFE: Agence pour l'enseignement français à l'étranger) et les supports édités par l'Institut du monde arabe.

En septembre 2015, à l'IMA, nous avons ainsi lancé un manuel d'apprentissage novateur destiné aux adultes et aux grands adolescents débutants. Baptisée *AHDÂF*[1], cette méthode, qui rencontre un succès international, s'appuie sur les recommandations du CECRL.

Elle enseigne la langue moderne – celle des médias et d'Internet – et donne la priorité à l'oral avec une attention particulière accordée à la phonétique. Les documents et les situations d'apprentissage qu'elle met en œuvre collent à la réalité du monde arabe contemporain.

5. L'enseignement supérieur, une offre florissante

Sur les bancs de la fac et des grandes écoles, en revanche, l'offre de l'arabe est florissante: l'enseignement de la langue connaît un accroissement considérable du nombre de ses effectifs depuis la fin des années 1970, avec une mutation du profil sociologique des étudiants, une partie d'entre eux, seulement, étant, désormais, issue de l'immigration maghrébine.

1. *AHDÂF*, méthode d'arabe, niveau A1 du CECRL, éditions IMA-Didier. Disponible à la librairie-boutique de l'IMA.

De la fac aux grandes écoles

L'arabe est aujourd'hui dispensé dans plus de 20 universités françaises, dans la plupart des grandes écoles et dans plusieurs structures dédiées, comme l'Institut national des langues et civilisations orientales, à Paris.

En 2009, c'était la cinquième langue enseignée dans les facultés françaises après l'anglais, l'espagnol, l'allemand et l'italien. Le nombre d'étudiants, souvent des débutants, oscille entre 5 000 et 6 000, soit 3,5 % des effectifs, selon le Comité inter-universitaire d'études arabes.

Depuis les années 2000, l'intérêt pour l'arabe à l'université se confirme. Seuls 10 % des étudiants débutent son apprentissage après le baccalauréat ; les autres entament des études d'arabe alors qu'ils sont déjà diplômés ou en parallèle avec un autre cursus.

Des grands pôles d'apprentissage

Par leur ancienneté, l'importance de leurs effectifs et l'ampleur des formations proposées, trois grands pôles géographiques se détachent : Paris, Lyon et Aix-en-Provence. Le premier avec l'Inalco (Langues O'), les universités de Paris III, Paris IV et Paris VIII. Le deuxième avec Lyon II, Lyon III et Normale Sup Lyon. Le troisième via l'université de Provence (Aix-Marseille I).

À côté de ces pôles historiques, des centres importants existent en région, à Bordeaux et à Strasbourg, et, dans une proportion plus faible, à Toulouse et à Lille. Enfin, à l'orée du troisième millénaire, des formations d'arabe se sont fortement développées et structurées à Rennes, à Nantes et à Nancy.

L'exemple de Lyon

L'enseignement de la langue arabe se conjugue avec une approche approfondie de la civilisation arabo-islamique sous ses différents aspects, avec un horizon temporel d'un millénaire et demi.

C'est le cas à l'École normale supérieure de Lyon (anciennement ENS Saint-Cloud), qui abrite une longue tradition de normaliens arabisants. Le cursus y est fondé sur le bilinguisme, avec deux masters, dont l'un est centré sur les humanités arabes classiques.

Le second master, ouvert en 2017, aborde le domaine moyen-oriental, par le biais des sciences humaines et sociales, pour mieux comprendre les enjeux spécifiques à ces vastes territoires. On y forme de véritables experts, qui savent parler de la *Nahda* comme débattre autour du salafisme.

Les Langues O', pilier de la formation

L'Inalco, à Paris, quant à lui, compte le plus gros effectif d'étudiants en arabe, qui dépasse le millier. C'est le plus grand établissement formateur de la langue en France, alors même que, et ce n'est pas le moindre de ses paradoxes, le ministère de l'Éducation nationale range celle-ci dans la catégorie des « langues à faible diffusion ».

Si la base de l'enseignement est l'arabe littéral, on met également l'accent sur l'acquisition d'une compétence active dans les différents registres de l'arabe. À l'Inalco, des formations diplômantes spécifiques d'arabe dialectal sont proposées en égyptien, syro-libanais, marocain, tunisien ou algérien.

Pour des raisons historiques touchant au passé de notre pays, les différents parlers de la péninsule Arabique, malgré l'importance économique et stratégique de cette région aujourd'hui, ne sont pas, à ce jour, enseignés dans le cadre universitaire français.

Un manque criant de reconnaissance

Jusqu'en 2018, aucun label ne sanctionnait l'enseignement reçu par un apprenant en langue arabe. Plus qu'une omission administrative, c'est un manque criant de reconnaissance, quand on sait que toutes les autres grandes langues civilisationnelles proposent, depuis longtemps, un diplôme attestant du niveau atteint en tant que langue étrangère : le TOEFEL en anglais, le TCF en français ou le DELE en espagnol.

Un certificat est pourtant un outil indispensable pour les entreprises, les organismes et les centres de formation. C'est une étape incontournable pour structurer et valoriser l'enseignement d'une langue. C'est aussi un moyen de reconnaissance de l'arabe comme langue universelle. La cinquième la plus parlée dans le monde, rappelons-le.

La certification de l'IMA : doter l'arabe d'une reconnaissance internationale, proclamer la dignité de tous ses locuteurs

Forts de ce constat, nous avons lancé, début 2019, à l'IMA, une certification internationale de maîtrise de l'arabe (CIMA). Initié par Nada Yafi, avec l'appui de l'équipe pédagogique de notre centre de langue et de civilisation arabes sous la conduite de Frédérique Foda, adossé à l'expertise du Centre international d'études pédagogiques (CIEP) et de l'organisme responsable des tests et des diplômes de langue française placé sous la tutelle du ministère de l'Éducation nationale, le CIMA est la première certification internationalement reconnue pour la langue arabe. Il s'adresse à toute personne de plus de 15 ans qui souhaite disposer d'un certificat attestant son niveau en langue arabe, que ce soit pour des raisons académiques, professionnelles ou personnelles. Il sert notamment à valoriser le niveau linguistique d'un candidat à l'emploi ou à valider un parcours de formation.

L'examen évalue plusieurs niveaux de maîtrise de l'arabe moderne standard définis par le CECRL. Ce sont des épreuves de compréhension et d'expression orales et écrites, élaborées sur le modèle du TCF. Le CIMA 1 évalue les niveaux A1, A2 et B1. Le CIMA 2 évalue les niveaux B2, C1 et C2.

Aujourd'hui, une vingtaine de structures d'enseignement dans le monde sont des centres agréés CIMA.

Le CIMA constitue à plus d'un titre une avancée majeure. Jusqu'à présent, la langue arabe n'avait pas d'équivalent du IELTS (*International English Language Testing System*) pour l'anglais par exemple ; CIMA lui en donne un. L'apprentissage de l'arabe était en quelque sorte complètement nié ; il pourra faire désormais l'objet d'une certification, grâce à ce projet mené avec l'appui indispensable du ministre de l'Éducation nationale, Jean-Michel Blanquer, et du gouverneur de l'émirat de Sharjah, le cheikh Sultan bin Mohammed al-Qasimi – qui a apporté à CIMA un soutien déterminant et remarquable.

Nous contribuons ainsi à la pleine reconnaissance de l'arabe à l'échelle internationale – et plus fondamentalement, à la dignité d'une langue et de ses locuteurs.

2

L'APPRENTISSAGE HORS LES MURS : DU PIRE AU MEILLEUR

1. L'enseignement associatif : attention, danger !

En réponse à une forte demande, nombre d'écoles associatives se développent sur le territoire français en dehors du système scolaire, devenant ainsi les premiers acteurs de la transmission de la langue arabe aux jeunes Français issus de l'immigration.

Le nombre de ces élèves est en expansion depuis le milieu des années 1990. Selon le ministère de l'Intérieur, 65 000 personnes suivent des cours dans des associations communautaires, confessionnelles ou non, contre moins de 15 000 instruits par l'Éducation nationale.

Auteur d'articles de fond sur le sujet, l'agrégé d'arabe Yahya Cheikh estime, quant à lui, qu'il y aurait au moins

300000 personnes qui étudient l'arabe en dehors de l'Éducation nationale. La plus grande concentration de ces structures associatives se trouve en Île-de-France et dans les grandes villes comme Marseille, Lyon, Lille, Toulouse et Strasbourg.

Vivier de communautarisation ?

Ces associations, majoritairement religieuses, vivent et s'épanouissent de la pusillanimité de l'État. Plus l'école républicaine s'efface, plus elles investissent le terrain. Les dangers de cet enseignement ? Sa piètre qualité et le risque de communautarisation.

« Ces cours ne sont pas des fabriques de djihadistes, nuance Yahka Cheikh, mais ils impliquent un prosélytisme indirect : leur enseignement ne repose pas sur les valeurs de la République. Ils ne donnent, par exemple, aucune notion de laïcité. »

La plupart de ces associations perpétuent une tradition archaïque en matière d'enseignement, à savoir des cours de langue (grammaire, conjugaison, expression et compréhension orales et écrites) associés à des classes d'éducation islamique (initiation au culte musulman et apprentissage de quelques sourates).

D'autres se contentent d'utiliser un manuel linguistique comportant parfois des illustrations religieuses. Seules quelques rares écoles évacuent la religion pour n'enseigner que la langue.

Préserver nos identités multiples

La République donne même aux associations religieuses, qui occupent l'espace qu'elle a abandonné, les moyens de s'enrichir puisque l'enseignement de l'arabe est devenu pour elles une source importante de revenus.

Cette insuffisance de l'enseignement de l'arabe au sein de l'école publique contribue à l'exode des enfants de la République vers l'enseignement religieux et les mosquées dont la pédagogie linguistique n'est pas le premier souci. C'est l'alerte que lançait aussi Hakim El Karoui – qui se bat, comme l'IMA, pour l'enseignement de l'arabe – dans son rapport de 2018 pour l'Institut Montaigne, intitulé « La fabrique de l'islamisme ».

Il faut que l'école laïque et républicaine demeure le lieu privilégié de transmission de l'histoire de la langue et de la civilisation arabes et fournisse des éléments pour mesurer la profondeur de nos identités multiples.

2. L'arabe à l'ère du numérique

Il y a cinq ans, l'arabe ne figurait même pas dans le top 10 des langues sur Internet en nombre d'utilisateurs. Aujourd'hui, elle occupe la quatrième place de l'espace virtuel. En un temps record, la presse écrite de langue arabe a migré sur la Toile, les bibliothèques sonores, les chaînes YouTube, les blogs et autres groupes Facebook ont fleuri.

L'intégration du numérique dans l'apprentissage des langues ne date pas d'hier, mais le Web 2.0, et la grande diversité d'outils et de plateformes qui en sont nés, lui a donné un fort coup d'accélérateur.

Début 2018, à l'IMA, nous avons mis au point Ev@lang, un test de niveau en ligne, qui permet, en trente-cinq minutes chrono, de se situer sur l'échelle de l'apprentissage de l'arabe, selon les critères du CECRL. On peut ainsi s'évaluer avant de s'inscrire au cours le plus approprié ou vérifier rapidement ses compétences en vue d'une candidature professionnelle.

Avec les nouvelles technologies, on peut aussi créer un enseignement par hybridation, avec une partie en présentiel et une partie à distance.

De plus en plus d'initiatives connectées

On voit s'essaimer des outils d'apprentissage ludiques, souvent mobiles, parfois totalement novateurs et originaux, à l'instar de *Let's Play!*, le livre et l'application conçus par une jeune graphiste égyptienne, Ghada Wali, qui s'est inspirée du célèbre jeu de Lego, basé sur l'assemblage de briques, pour élaborer une construction.

Ce type de méthode amusante et stimulante répond à une inquiétude que nous sommes nombreux à partager: le recul de l'alphabet arabe dans la vie de tous les jours au profit de l'anglais ou de l'*arabizi*, cette langue arabe hybride née sur les réseaux sociaux.

D'autres initiatives font de plus en plus d'adeptes sur la Toile, telle l'*Arabothèque*, lancée par Myriam Mouffok, avec plusieurs milliers de followers, qui déroule un catalogue inédit d'activités et de ressources numériques, dans une démarche collaborative à destination du grand public comme des initiés.

À mille lieues des polémiques populistes qui agitent l'Hexagone, ces exemples illustrent bien ce nouvel élan virtuel qui contribue à remettre l'arabe à sa juste place: une grande langue du monde parmi d'autres.

Le MOOC, un outil novateur

La grande tradition arabisante de la France n'est pas en reste. Si l'enseignement de l'arabe est ancré aux Langues O' depuis des siècles, la vénérable institution évolue et fait évoluer son enseignement. Ainsi est né, sous l'égide de Luc Deheuvels[I], le MOOC[II] de langue arabe.

Son concept : dispenser, gratuitement, un enseignement pendant une durée limitée, avec l'accès à des vidéos, une évaluation en ligne, un forum et la possibilité d'un enseignement synchrone à distance, grâce à des outils de communication collaborative virtuels.

Pour l'Inalco, s'engager dans une politique de création de MOOC, c'est la volonté de changer le rapport global à l'enseignement en tenant compte de la révolution à l'œuvre. L'objectif est de modifier en profondeur la façon dont l'enseignant conçoit ses cours et son rapport aux étudiants, et, par là même, faciliter l'adaptation de l'élève à l'apprentissage hybride ou à distance.

Le MOOC est une aventure chronophage, qui implique la réalisation d'innombrables heures de film, pour lesquelles professeurs et techniciens travaillent main dans la main.

Après deux ans de préparation intense, le premier MOOC d'arabe a été proposé à la fin de l'année 2016, avec plus de 13 000 inscrits. Les sessions de 2018 et 2019 ont accueilli, chacune, près de 10 000 nouveaux apprenants, issus de 130 nations, dont une part importante de pays francophones. C'est dire si cette initiative répond à une forte demande !

I. Professeur agrégé à l'Inalco, directeur du Centre d'études et de recherches Moyen-Orient Méditerranée (CERMOM) et président du jury d'agrégation d'arabe.

II. Acronyme formé des initiales de *massive open online course* (en français : formation en ligne ouverte à tous).

Un nouveau type de public

Destiné à donner des rudiments de niveau A1 en arabe standard moderne, d'après les critères du CECRL, le MOOC *Kit de contact* se décline aussi en arabe dialectal syro-libanais. Les dialectes marocain, tunisien, koweïtien et yéménite devraient intégrer le *Kit* en cette année 2020, bientôt rejoints par l'égyptien.

Le MOOC permet de conquérir un nouveau type de public, au-delà du monde étudiant. Ce type d'apprentissage suscite et assouvit la curiosité intellectuelle, puisque deux tiers des apprenants, la plupart actifs, disent le suivre pour le plaisir et que la grande majorité d'entre eux n'a aucun lien avec le monde arabe.

Un bémol, cependant : un tel dispositif coûte cher et son modèle économique reste à inventer. Il faut trouver les moyens de le rentabiliser, par exemple en intégrant une partie de ses coûts dans la formation initiale.

Bien évidemment, l'Inalco est une institution publique qui n'a pas vocation à faire des bénéfices. Mais une équation économiquement viable doit être élaborée pour faire vivre ce formidable outil de diffusion de savoirs, qui donne un rayonnement international à l'institution et à la France, dans le monde entier.

3. L'apprentissage par l'immersion

Il existe une tradition d'enseignement de la langue arabe « hors les murs » ou, plutôt, hors des frontières de l'Hexagone, en immersion dans le monde arabe. En cela, la langue arabe est unique, car aucune autre langue ne bénéficie de ce type d'apprentissage dans des centres financés par la France.

Le plus ancien des établissements est l'Institut français d'études arabes de Damas, l'IFEAD, créé en 1928, et intégré, depuis 2004, au sein de l'Institut français du Proche-Orient. L'IFEAD a reçu ses premiers stagiaires en 1970.

Trois centres existent aujourd'hui : l'Institut français du Proche-Orient (IFPO), basé à Beyrouth, à Amman et, auparavant, à Damas ; le Département d'enseignement de l'arabe contemporain (DEAC), créé en 1982, au Caire ; l'Institut de recherche sur le Maghreb contemporain (IRMC), à Tunis. Ils sont ouverts aux étudiants de tous niveaux, du débutant à l'arabisant confirmé.

Prendre un bain linguistique

Le stage annuel des boursiers arabisants, à Tunis, est créé, en 1984, à l'initiative du Pr Jamel Eddine Bencheikh, de l'université Paris VIII, de l'inspecteur général Bruno Halff et du Pr Hammadi Sammoud, de l'université de Tunis-Manouba.

Il offre huit bourses de formation aux étudiants français licenciés d'arabe qui préparent les concours du CAPES et de l'agrégation.

Son originalité ? Immerger des étudiants francophones dans un département de lettres au sein d'une université du monde arabe tout en accompagnant ce bain linguistique de cours de soutien, assurés par des enseignants tunisiens.

L'IMA organise ses voyages linguistiques également dans le cadre de son centre de langue et de civilisation arabes. Il s'agit d'une opportunité unique de pratiquer la langue et de découvrir le monde arabe contemporain.

Des profils hétéroclites au Caire

Autre exemple concret au DEAC du Caire. En moyenne, la provenance des 250 élèves annuels se répartit ainsi :

- un tiers des stagiaires sont issus de Sciences-Po ou des grandes écoles. Ces élèves-là se projettent généralement dans les carrières du journalisme ou des métiers de la diplomatie et des relations internationales ;
- un deuxième tiers rassemble des étudiants inscrits dans des cursus de spécialité de langue arabe, pour beaucoup à l'Inalco, mais également au sein d'autres universités. Cette catégorie d'étudiants bénéficie de conventions de partenariat avec le DEAC leur permettant de valider tout ou partie de leurs diplômes sur la foi des résultats qu'ils obtiennent aux évaluations ;
- le dernier tiers, enfin, regroupe les professionnels : chercheurs, journalistes, cadres civils ou militaires.

Par ailleurs, le DEAC contribue à assurer la formation des personnels français en poste au Caire. Ce service rendu à nos compatriotes est organisé sous la forme de cours collectifs ou particuliers.

Un programme de bourses arabisantes

Il y a une grande demande de formation en arabe émanant d'étudiants, de chercheurs ou de cadres français. À Sciences-Po, par exemple, la demande explose.

L'enseignement de l'arabe dans le cycle supérieur attire énormément d'étudiants brillants, qui s'initient à la langue arabe en double cursus universitaire ou à l'issue de leurs études. Ils ont une vraie curiosité du monde arabe.

C'est pour répondre à cette demande forte de découverte *in situ* des cultures arabes et d'approfondissement de la langue qu'un programme de bourses arabisantes a été lancé par le ministère de l'Enseignement supérieur, de la Recherche et de l'Innovation.

Ces bourses sont gérées et attribuées par le département Programmes d'excellence de Campus France. Elles sont ouvertes aux étudiants inscrits en France dans un cursus de licence ou de master et disposant déjà d'une connaissance de la langue arabe.

Elles permettent de suivre une formation linguistique de neuf mois en Égypte, en Jordanie, au Liban ou en Tunisie, et visent à approfondir la formation linguistique d'étudiants se destinant à la recherche sur le monde arabe, à l'enseignement de la langue en France, ainsi qu'aux étudiants ayant un projet professionnel en lien avec le monde arabe.

3

POURQUOI L'ARABE A-T-IL MAUVAISE PRESSE EN FRANCE ?

1. De l'héritage colonial à l'ascension islamiste

Ceux qui sacralisent la langue arabe et ceux qui la diabolisent sont les deux faces d'une même médaille.

Un rejet sociologique et idéologique

Si des directeurs d'école, profondément arabophiles, défendent courageusement le droit à l'enseignement de l'arabe pour leurs élèves, certains proviseurs restent hostiles à son implantation dans leur établissement pour des raisons sociologiques : il s'agit, pensent-ils, d'éviter l'arrivée d'élèves issus de banlieues populaires ou de catégories sociales défavorisées dans les écoles du centre-ville ou les quartiers privilégiés.

Pour quelques familles, l'enseignement de l'arabe dans un secteur favorisé peut même être l'occasion de contourner la carte scolaire et d'inscrire leurs enfants dans un lycée de centre-ville en lieu et place d'un établissement de banlieue.

Mais des rigidités purement idéologiques persistent : au nom d'une conception assimilationniste de la République, on juge qu'il ne faut pas encourager l'enseignement des langues d'origine des populations immigrées, tout particulièrement celles qui véhiculeraient des cultures « extra-européennes » et, plus spécifiquement, l'arabe.

Haro sur les colonisés !

Ce faisant, ces idéologues continuent de projeter une vision néocolonialiste et essentialiste sur des enfants de la République, les reléguant indéfiniment, et uniquement, à leur passé colonial. Ce n'est peut-être pas tant la langue arabe qui est méprisée et mise en quarantaine que ceux qui la parlent.

C'est le plus grand frein à l'enseignement de l'arabe en France : cette langue demeure, dans notre inconscient collectif, celle des anciens colonisés, que nous avons soumis à nos lois et auxquels nous avons appris une grande langue de civilisation : le français.

Aujourd'hui, apprendre l'arabe – « leur » langue – reviendrait, dans cet inconscient collectif nostalgique et malade, à inverser ce mouvement colonialiste : comment peut-on apprendre la langue de ceux qui nous doivent la civilisation, cette langue de vaincus qu'on présente désormais comme celle de l'échec scolaire ?

Oublier tout ce qui est arabe

Cette relation embarrassée avec notre histoire coloniale, mal connue et mal digérée, constitue l'un des principaux obstacles à l'enseignement de l'arabe en France depuis l'indépendance des colonies du Maghreb. Dans les années qui suivent les indépendances, la France, désireuse de tourner la page, veut oublier les colonies, l'Afrique du Nord et, grosso modo, tout ce qui est arabe. Le certificat d'aptitude en arabe (futur CAPES) disparaît, l'islamologie ou les ouvrages en librairie sont remisés à la cave.

La réputation des arabisants est alors trouble. Ils sont suspectés par certains d'avoir été engagés dans le projet colonial. D'autres les accusent d'avoir – au moins involontairement – préparé la décolonisation par la mise en valeur de l'héritage prestigieux des sociétés orientales. On leur reproche d'avoir ainsi alimenté les nationalismes orientaux qui, dans la gloire du passé, trouvent les moyens de compenser les infériorités du présent et d'espérer en l'avenir.

Du foulard de Creil aux Versets sataniques, *une perception anxiogène*

Langue de civilisation parlée par plus de 400 millions de personnes dans le monde et l'une des six langues de travail de l'ONU, l'arabe se retrouve ainsi perçu en France comme une langue de l'immigration, associée aux ghettos, au communautarisme, à l'échec scolaire et à l'islamisme.

Cette distanciation apeurée vis-à-vis de la langue, et de l'aire culturelle arabe en général, prend sa source dans les années 1980. On se souvient de la première affaire du foulard, à Creil, en 1989, lorsque trois collégiennes se font exclure pour avoir refusé de retirer leur voile, pourtant interdit, dans l'enceinte de l'école.

La même année, une *fatwa* est lancée par l'ayatollah Khomeini, guide suprême et spirituel de la république islamique d'Iran, contre l'écrivain anglais Salman Rushdie, coupable d'avoir écrit *Les Versets sataniques*, un livre jugé blasphématoire par le régime iranien.

L'Iran, pourtant, n'est pas un pays arabophone. Qu'importe, l'amalgame et la peur s'installent. Depuis lors, en France, tout ce qui a trait à l'islam et au monde arabe devient aussi suspect qu'anxiogène.

Une « langue un peu plus étrangère que les autres »

L'arabe est-il condamné à être une « langue un peu plus étrangère que les autres » ? Sollicité pour adhérer à la Charte des langues régionales et minoritaires du Conseil de l'Europe, en 1999, le gouvernement français propose alors au normalien et linguiste Bernard Cerquiglini d'en faire l'inventaire.

Celui-ci en répertorie 75, dont 5 « implantées après des mouvements de population anciens », comme le judéo-espagnol ou l'arabe dialectal, parlé jadis « par de nombreux citoyens français d'Afrique du Nord ».

Le recensement de Bernard Cerquiglini reconnaît ainsi ces langues comme des langues de France. Mais le Conseil constitutionnel invalide la liste établie, la jugeant contraire à « l'unicité du peuple français » et à sa langue.

L'action publique au-delà des partis

L'action publique doit être pérennisée dans la durée, au-delà des transitions électorales et des appartenances partisanes.

Ministre de l'Éducation nationale, de 2000 à 2002, dans le gouvernement Jospin, j'ai, au cours de mon mandat, augmenté le nombre de postes à l'agrégation d'arabe, instauré l'enseignement de la langue de la petite école à l'université et engagé le recrutement d'assistants pour accompagner les élèves.

Hélas, mon successeur n'a pas donné suite à ces réformes ; l'enseignement de l'arabe s'est étiolé un peu plus.

2. Une langue ghettoïsée ?

À qui s'adresse l'enseignement de l'arabe en France ? Faut-il justifier d'« origines » particulières pour apprendre cette langue ?

Ceux qui s'opposent, de façon véhémente, à son enseignement, prétendant protéger la République d'un repli communautaire, ne font-ils pas, au contraire, œuvre de communautarisme en la limitant à une langue « pour les Arabes » ?

Une grande langue n'est pas communautaire

L'amalgame est très profondément ancré dans les institutions et dans toutes les couches de la population française. Faudrait-il obligatoirement avoir des origines arabes, ou plus précisément arabes musulmanes, pour comprendre la grammaire arabe, apprécier la littérature de Taha Hussein ou de Naguib Mahfouz, les vers de Mahmoud

Darwich, les chants de Fairuz, d'Oum Kalsoum ou de Warda ?

Pourquoi l'arabe serait-il communautaire alors que le chinois et le portugais, langues davantage enseignées en France, ne le sont pas ?

Ce ne sont pas seulement les quelques enseignants et directeurs d'établissement audacieux que l'on décourage, ce sont aussi ceux qui, curieux et motivés, veulent apprendre la langue arabe et découvrir ses cultures.

Le chinois, oui ; l'arabe, non

On voit des parents, sans origine ni lien particulier avec le monde arabe, qui souhaitent que leurs enfants s'initient à la langue, se heurter à l'insuffisance de l'offre en milieu scolaire. Parce qu'on ne propose pas de cours d'arabe dans les écoles de leur quartier, leur projet reste au stade du vœu pieux.

Et quand ils en parlent autour d'eux, voilà qu'ils suscitent l'incompréhension, voire l'hostilité. Pourquoi diable veulent-ils que leurs enfants apprennent l'arabe ? Une demande similaire autour de l'apprentissage du chinois provoquerait-elle la même réaction ? Non, bien sûr.

Parfois, même quand des cours d'arabe sont dispensés à l'école primaire, que des enfants émettent le souhait d'y participer aux côtés de leurs camarades de classe, leurs parents sont incités à ne pas y répondre, à grand renfort d'arguments fallacieux : ces séances sont d'abord destinées aux élèves qui ont « des origines », élevés dans la religion musulmane ; les intervenants pourraient y présenter les choses de façon pas tout à fait neutres.

On ne refuse rien aux parents, on se contente de les décourager.

Dépasser les clichés

Ces exemples n'appartiennent certes pas à la norme, mais ils ne relèvent pas non plus de singularités en voie d'extinction. Chaque écolier explique à sa manière le choix d'apprendre l'arabe : pouvoir parler la langue des copains ou, au contraire, s'en démarquer, en s'initiant à une autre langue étrangère que l'espagnol ou l'allemand, choix de prédilection de la majorité.

L'attrait pour la langue arabe n'est pas ethnique, généalogique ou communautaire, comme le pensent et l'affirment les identitaires de tous bords.

Le meilleur vecteur pour découvrir l'histoire et la culture de pays différents demeure la langue. Elle permet de saisir des nuances et des détails, de dépasser les clichés et d'aborder en profondeur tous les arcanes d'une civilisation. Pour beaucoup d'adultes qui s'initient à l'arabe, l'apprentissage de la langue ouvre une porte concrète sur un monde fascinant.

La religion au cœur du débat

En dépit de la mauvaise image dont il souffre et des obstacles pour y accéder, l'arabe continue de fasciner des esprits parmi les plus brillants en France. Aux yeux de ces super-diplômés des grandes écoles et des meilleures formations universitaires, avides de connaissance, l'arabe n'est pas la langue d'un pays mais celle d'une civilisation qui a imprégné la moitié de l'ancien monde connu.

Si leur démarche est, avant tout, motivée par la curiosité intellectuelle, sans objectif professionnel précis, il est évident que de nombreux élèves en France apprennent aussi l'arabe pour des raisons religieuses, souvent liées à l'islam, mais pas uniquement.

Certains veulent découvrir, par eux-mêmes, les textes sacrés de la religion. Car les jeunes élèves qui baignent dans une culture arabe et/ou musulmane n'en maîtrisent pas toutes les clés de compréhension. Certains parlent la langue, mais ne savent ni la lire ni l'écrire. Comment comprendre une religion et ses textes sans pouvoir les déchiffrer ?

C'est ce constat d'ignorance qui motive certains apprenants « d'origine », portés par une démarche plus louable que celle qui consiste à apprendre par cœur et à répéter des phrases dont on ne perçoit pas toujours le sens.

La question de la religion se retrouve souvent au centre du débat lorsqu'il est question de langue arabe. Les raccourcis, les ambiguïtés et les amalgames saturent l'espace et les échanges. Tout le monde se positionne par rapport au fait religieux, des parents d'élèves aux professeurs, en passant par les politiques et les médias.

Une langue circonscrite à sa composante religieuse

Il arrive que des directeurs d'école proposant un apprentissage de la langue reçoivent des appels de parents qui leur demandent si c'est bien « l'école d'arabe » ou « l'école des Arabes ». Vraies interrogations, maladresses, clichés et méconnaissance se mêlent dans cette question qui semble signifier : a-t-on affaire à une école privée ou à une école publique ?

C'est un fait des plus surprenants que de circonscrire une civilisation millénaire aussi vaste à sa seule composante religieuse, fût-elle la plus visible.

Les Français d'origine maghrébine deviennent automatiquement des musulmans, comme si leur identité se réduisait à cette appartenance de culte, qu'on leur attribue *a priori*, quand bien même certains ne pratiquent pas, ne sont pas croyants ou relèvent d'une confession différente.

L'arabe est souvent perçu par les apprenants pourvus « d'origines » comme une langue uniquement communautaire, une langue dont on hérite, mais qu'on n'enseigne pas. On s'efforce de l'apprendre parce qu'on est issu de la communauté qui la parle, et on ne comprend pas pourquoi une personne hors de cette appartenance irait s'infliger cela.

Quand les parents contactent des associations pour inscrire leurs enfants en cours d'arabe, on leur demande fréquemment s'ils sont musulmans et de quel pays ils sont originaires. Faut-il être un enfant de l'islam pour acquérir les rudiments de la grammaire arabe ? Encore une fois, la question ne se pose pas quand il s'agit du chinois ou de l'italien.

Des familles « d'origine » dans le déni

Partant du principe, erroné mais bien ancré dans les esprits, que l'arabe n'est pas une langue qui s'apprend, mais une langue dont on hérite, quand on s'empare, de façon indue, d'un héritage qui n'est pas le sien, on fait figure, au mieux, d'original.

Le phénomène peut même pousser certaines familles « d'origine » vivant en France à l'oubli ou au déni. Ainsi, des parents ne parlent jamais en arabe – leur langue maternelle – à leurs enfants. De manière assumée ou inconsciente, ils ont honte de cette langue qui n'est pas celle de la réussite et du succès.

Cette tendance se retrouve de plus en plus fréquemment chez les familles aisées du monde arabe : aussi bien au

Maghreb qu'au Machreq (Orient arabe), les enfants parlent l'anglais ou le français, alors que leurs parents sont pourtant parfaitement arabophones, mais ceux-ci ne perçoivent plus leur langue comme celle de tous les possibles. Exit, donc.

Deux images aux antipodes

Il existe un hiatus entre les filières d'excellence, où l'enseignement de l'arabe est bien ancré et très valorisé, un monde qui rendrait assez optimiste sur l'image de l'arabe dans les universités ou dans les formations aux grandes écoles, et, dans le même temps, une perception peu reluisante de la langue arabe, dans l'enseignement secondaire en particulier.

Il faut, d'urgence, nuancer cette image, car le nombre d'élèves augmente dans le cycle secondaire laïque : en quelques années, on est passés de 6 000 à près de 15 000 apprenants aujourd'hui.

4

DOUCE CHANCE POUR LA FRANCE

1. Un combat pour le plurilinguisme

La langue est une fenêtre sur le monde. Il y a autant de langues que de manières de voir le monde. Celles-ci ne sont nullement étanches les unes aux autres mais, au contraire, en interactions réciproques, grâce au plurilinguisme et à la traduction.

Chaque langue invente et décrit le monde de façon différente. Réfléchir dans une langue étrangère permet de se défaire des biais affectifs, profondément liés à tel ou tel mot dans notre langue maternelle, pour se concentrer sur la signification réelle de chaque chose.

Des bénéfices pour le cerveau

Au cours des deux dernières décennies, de très nombreuses recherches ont été menées sur le plurilinguisme et ses effets sur le cerveau humain, avec une majorité écrasante de résultats prouvant les bénéfices dans la pratique de plusieurs langues. Il semble que le va-et-vient entre les langues pousse nos cerveaux à être flexibles.

Dès 2010, des chercheurs canadiens de l'Institut Rotman de Toronto montraient que les personnes, qui parlent quotidiennement deux langues ou plus, retardent de plusieurs années l'apparition des symptômes de la maladie d'Alzheimer.

Parler une langue étrangère nous oblige à une gymnastique mentale : décentrer notre regard, se concentrer pour comprendre ce qui est dit. Cela offre aux bilingues des possibilités analytiques plus vastes pour décrire et analyser des situations, ce qui peut se révéler précieux dans l'étude des risques. Les bilingues se déclarent souvent « pluriels », ressentant et exprimant des émotions différemment selon qu'ils passent d'une langue à une autre.

Enfin, le goût précoce pour d'autres univers linguistiques ne permet pas seulement l'apprentissage d'une autre langue, et donc la connaissance d'autres cultures, mais il se révèle également très utile pour mieux connaître la nôtre. La traduction, autrement dit le voyage entre plusieurs espaces de sens, est un apprentissage de l'agilité verbale qui se répercute sur toutes les autres disciplines, y compris les matières scientifiques.

Outils du vivre-ensemble

Les langues sont aussi des outils de la vie en commun, de la concorde entre les peuples. Au lendemain de la Seconde Guerre mondiale, le Conseil de l'Europe établit l'un des premiers textes internationaux traitant des langues vivantes comme instrument du vivre-ensemble.

Il s'agit de la Convention culturelle européenne de 1954, qui entendait favoriser l'étude des langues, de l'histoire et de la civilisation des autres parties contractantes, ainsi que de leur civilisation commune, chez les ressortissants des membres du Conseil et des autres États européens qui adhéreraient à cette convention.

En 2000, le Cadre européen commun de référence pour les langues (CECRL) est venu compléter cette ambition. Sa mission : faciliter la comparaison des systèmes d'apprentissage et évaluer les compétences en langues.

Deux ans plus tard, en mars 2002, le Conseil européen, réuni à Barcelone, a recommandé, dans ses conclusions, que, dès le plus jeune âge, les Européens apprennent au moins deux langues étrangères.

Cette recommandation était déjà intégrée dans la législation française, dont l'article 121-3 du code de l'éducation affirme que « la maîtrise de la langue française et la connaissance de deux autres langues font partie des objectifs fondamentaux de l'enseignement ».

Dans son discours du 20 mars 2018 à l'Institut de France, enfin, le président de la République, Emmanuel Macron, a également défendu avec force, et dans un même élan, le plurilinguisme et la promotion de la langue française. Je crois, comme lui, que, loin d'être antagonistes, ces deux combats vont de pair.

Étrangères ou concurrentes ?

L'enseignement des langues en France met en évidence de nombreux paradoxes et lacunes. Notre pays se veut être le champion de la francophonie, symbole de la diversité culturelle et rempart contre l'hégémonie linguistique de l'anglais.

Pourtant, nous n'avons pas de véritable politique nationale des langues qui prendrait en compte ses besoins et régulerait l'offre d'apprentissage. Les langues ne sont pas égales, pas plus dans la société qu'à l'école.

Certains bilinguismes sont valorisés lorsqu'il s'agit de langues européennes, telles que l'anglais ou l'allemand, et d'autres stigmatisés, quand elles concernent les langues de la migration.

Si l'on estime qu'en France, aujourd'hui, environ un enfant sur quatre grandit avec deux langues ou plus parlées au sein de sa famille, il est légitime de se demander ce que ces langues deviennent à l'école.

La réponse est déconcertante : ces enfants plurilingues perdent leur(s) « langue(s) de lait » et redeviennent, pour la plupart, monolingues à l'école, où leurs compétences linguistiques sont souvent ignorées.

Un panel linguistique uniformisé

13 langues sont enseignées en France, mais seulement 3 d'entre elles – l'anglais, l'espagnol et l'allemand – sont proposées dans la plupart des établissements du second degré. Le portugais et l'arabe pointent aux abonnés absents, alors même qu'elles sont les langues d'origine de nombreuses familles issues de l'immigration.

Au fur et à mesure que l'enseignement d'au moins deux langues s'est généralisé à l'ensemble des élèves du secondaire et, depuis une vingtaine d'années, à ceux du primaire, ces choix se sont uniformisés. De plus en plus de diplômés présentent un profil linguistique similaire : anglais, espagnol, allemand.

Ne serait-il pas souhaitable pour un pays ouvert tel que le nôtre de promouvoir davantage un plurilinguisme moins eurocentré en élaborant une politique linguistique adaptée ?

La France, cancre de l'Europe

L'apprentissage des langues n'est plus l'apanage d'une minorité, l'attribut d'une culture élitiste et le marqueur social d'appartenance à une catégorie aisée de la population.

Désormais, et grâce à des politiques publiques aussi volontaristes qu'ambitieuses, l'enseignement linguistique doit se démocratiser et s'adresser à tous les enfants de la République.

Or la France figure toujours parmi les mauvais élèves européens en matière d'enseignement des langues étrangères. Cela devient même un des stéréotypes de notre pays.

Selon l'étude « Langues et employabilité », parue en 2015, 50 % des Français affirment ne pas maîtriser une langue étrangère et 75 % des collégiens de fin de 3e sont incapables de s'exprimer correctement en anglais, malgré des progrès à l'écrit.

L'Hexagone est le cancre européen pour l'enseignement des langues étrangères ; on le trouve en queue du peloton européen aux tests de SurveyLang, loin derrière les pays de tête, qui appartiennent majoritairement à l'Europe nordique, Suède et Finlande en particulier, et à l'Europe centrale et orientale, à l'image des États baltes.

S'initier dès le plus jeune âge

Chez nous, cela se traduit d'abord par un retard criant en ce qui concerne l'introduction des langues vivantes au primaire.

Les recherches montrent que l'apprentissage d'une langue étrangère doit débuter précocement, car l'oreille des très jeunes enfants peut alors encore discriminer et apprendre des sons nouveaux.

À partir des années 1960, les pays scandinaves, notamment, introduisent les langues étrangères dès l'entrée dans les petites classes.

L'enseignement des langues en France souffre également d'une « culture du stylo rouge », qui consiste à systématiquement corriger l'erreur quand elle survient.

Or l'apprentissage linguistique requiert, au contraire, de se libérer de la crainte de mal faire pour permettre aux élèves de s'exprimer en confiance sans subir l'inhibition d'une correction systématique, tout particulièrement contre-productive à l'adolescence.

Il y a pourtant des signes encourageants : la France a rattrapé son retard institutionnel puisque, en 2019, elle peut se targuer d'un nombre d'heures d'enseignement parmi les plus élevés d'Europe.

2. L'exception française, entre prestige et dénigrement

Aucune grande langue étrangère ne peut être circonscrite à ses territoires d'origine. Comme l'anglais, la langue arabe est présente sur tous les continents et, en particulier, en Europe, où la France fait figure d'exception en ce qui concerne son statut. Une singularité à double tranchant.

L'arabe dans les autres pays européens

En Allemagne, malgré l'arrivée récente – et massive – d'immigrés, la langue arabe n'occupe guère le débat public, pas plus qu'au Royaume-Uni, dont la capitale, Londres, est pourtant une terre d'élection pour la presse arabophone du Golfe. Ni même en Espagne, où, dans la région andalouse, l'arabe a joué, au cours de l'Âge d'or, un rôle de tout premier plan. Ces pays ne s'adonneraient pas au chauvinisme linguistique, dit-on.

Il faut dire aussi qu'aucun d'eux ne compte d'institution comparable à celle de l'Institut du monde arabe, vitrine d'envergure internationale, qui contribue même désormais au débat intellectuel dans les pays arabes grâce à sa chaire animée par le directeur général de l'IMA, Mojeb Al Zahrani ; ni des ressources dont la France peut s'enorgueillir : de multiples centres de recherche dédiés à la région arabe, une armada d'arabisants de haut vol et un vaste réseau d'écoles françaises dans les pays arabophones, où des cours d'arabe sont dispensés à 120000 élèves de toutes nationalités.

En cela, on l'a vu, notre pays ne fait que poursuivre une riche tradition d'échanges, commencée par François Ier et le Collège de France, enrichie par les Lumières qui vit Paris accueillir nombre de figures majeures de la *Nahda*, tel l'Égyptien Rifa'a al-Tahtawi à la fin du XIXe siècle.

La controverse, monopole français

Paradoxe : ce prestige inégalé conféré à la langue arabe par une nation européenne est entaché par la controverse, elle aussi exceptionnelle sur le continent européen par sa violence et son systématisme.

En France, c'est presque devenu un réflexe : le moindre signe d'estime ou d'encouragement pour la langue arabe soulève la polémique, à l'instar de la levée de boucliers qu'ont provoquée, en septembre 2018, les propos – pourtant modérés – du ministre de l'Éducation nationale, Jean-Michel Blanquer, qui soulignait l'intérêt d'enseigner l'arabe, comme les autres grandes langues étrangères, dès le plus jeune âge.

Ces tempêtes médiatiques, accrues en périodes électorales, notamment par les discours d'extrême droite, ne cessent d'alimenter les craintes en associant la langue arabe au thème de l'insécurité, voire, pour les plus virulents, à celui d'une islamisation de notre territoire et de ses habitants, qu'un développement de l'enseignement de la langue arabe pourrait accélérer.

Autant de sinistres prédictions que la réalité factuelle, pour peu qu'on accepte de la regarder en face, vient démentir : au sein de l'école, l'arabe est bien loin de jouer les envahisseurs, avec seulement 1 apprenant sur 1 000 dans le primaire. On a de la marge, comme on dit...

3. Politique étrangère et rayonnement international

Si la France entend relever les défis de la mondialisation et donner à son économie les moyens de son ambition, elle doit, certes, permettre au plus grand nombre de maîtriser l'anglais, mais également promouvoir l'apprentissage des langues de nos partenaires majeurs : l'Allemagne, mais aussi l'Italie et les pays arabes.

En dehors du marché intérieur européen, les trois principales zones d'échange de biens pour notre nation sont les États-Unis, la région Afrique du Nord et Moyen-Orient, et la Chine. La région Afrique du Nord et Moyen-Orient représente près de 20 % de notre commerce extérieur.

Nos liens historiques, humains, politiques et économiques avec les pays arabes sont profonds et ne demandent qu'à se renforcer. Nos deux mondes s'interpénètrent et s'influencent mutuellement, et on peut le rappeler par quelques chiffres. Environ 6 millions de personnes présentes en France ont un lien identitaire avec les territoires arabes, qu'elles soient immigrées, descendantes d'immigrés ou rapatriées. Les étudiants en provenance des régions arabes forment le premier contingent d'étudiants étrangers en France. Et ce sont près de 1,2 million de Français, dont la moitié sont des binationaux, qui vivent dans les pays du monde arabe ; 33 millions de personnes y parlent le français, soit près de 1 francophone sur 6 dans le monde.

Un dialogue permanent

La présence diplomatique de la France dans les régions arabes est historique et profondément enracinée. Il y a presque autant d'ambassades et de consulats en Afrique du Nord et au Moyen-Orient (38) qu'en Amérique du Nord et du Sud (44).

La filière « arabisante » au Quai d'Orsay est une des plus anciennes et des plus prestigieuses. Emmanuel Bonne, actuel conseiller diplomatique du président de la République, en est un parfait exemple.

Parlé du Maroc jusqu'à la Syrie, le français est en situation de dialogue permanent avec l'arabe. Les deux langues entretiennent des rapports très étroits, qu'illustre la facilité avec laquelle les habitants de cette région passent d'une langue à l'autre, notamment au Liban, dans les pays du Maghreb et de plus en plus dans les pays du Golfe, malgré l'omniprésence de l'anglais.

Ces échanges constants entre les civilisations et les cultures confèrent à la France une fonction médiatrice et un rôle géopolitique majeur dans ces territoires.

Cultiver un héritage commun

Pourtant, si le français est appris par près de 20 % des lycéens dans le monde arabe – et le chiffre est en croissance constante –, la réciproque n'opère pas : moins de 0,1 % des écoliers français apprennent l'arabe.

Voilà des décennies que les recherches sur les bienfaits cognitifs et communicationnels du plurilinguisme abondent. Ces nombreux travaux ont aussi montré le rôle primordial de la langue familiale dans les apprentissages de celle employée à l'école et souligné le fait qu'un enfant ne peut pas apprendre à lire dans une langue qu'il ne parle pas.

Alors, pourquoi un tel gâchis ? Pourquoi le plurilinguisme, surtout lorsqu'il est associé à la langue arabe, suscite-t-il la crainte ? Pourquoi est-elle encore et toujours associé au communautarisme ?

Redonner à la langue arabe sa place pleine et entière renforcera l'image d'une France partenaire sincère et fidèle au monde arabe. Transmettre cette langue, son histoire et sa culture, c'est avant tout perpétuer une tradition et cultiver un héritage commun, vieux de plus de 500 ans.

ÉPILOGUE

Lointains par leurs origines, l'arabe et le français se croisent et s'influencent mutuellement depuis plus d'un millénaire. Langues internationales, elles se sont historiquement implantées sur des territoires où on ne les parlait pas : le français a remplacé les langues dites régionales ; l'arabe des conquêtes s'est imposé sur les terres du berbère en Afrique du Nord, du copte en Égypte, de l'araméen au Levant.

Aujourd'hui, leurs zones d'influence dépassent largement les frontières de leurs berceaux historiques respectifs, mais aussi celles de leurs territoires d'extension, sous l'effet des flux migratoires. Elles sont toutes deux des langues civilisationnelles. Le français est le fruit de métissages et d'emprunts de divers idiomes, dont l'arabe, qui représente la troisième source linguistique derrière le latin et l'italien.

On ne rappellera jamais assez que l'arabe, cette langue de France, est parlé, dans notre pays, par 4 millions de locuteurs. Plus nombreux encore sont ceux qui, à un titre ou à un autre, ont eu l'occasion d'entrer en contact durable avec la langue arabe.

Malheureusement, la reconnaissance de l'arabe comme langue au firmament est au point mort dans la société française actuelle, totalement recouverte par une autre image aussi dévalorisée que dévalorisante. Nous devons accompagner et amplifier les efforts déjà entrepris par l'Éducation nationale pour redonner ses lettres de noblesse à cette langue de la réussite, synonyme de parcours d'excellence dans de nombreuses filières.

Nous le savons, la France entretient un rapport complexe et ambivalent avec les langues, qu'elles soient étrangères ou issues de son terroir. Le français ne supporterait-il pas de coexistence linguistique avec d'autres langues ? L'histoire politique de la langue française lui a conféré un statut sacré. L'idéologie de l'État-nation a instauré, dans notre culture, un monolinguisme qui a fortement marqué notre imaginaire et notre système éducatif.

Les Français ont une relation ambiguë, non pas tant aux langues étrangères qu'à leur propre langue. Unifiée par le français, mais se gardant longtemps de toute considération pour les langues régionales qu'elle a farouchement combattues à l'école, la France s'est frontalement opposée, dans sa construction nationale, au développement d'une identité plurilingue.

Certes, chez nous, on enseigne les langues étrangères depuis des lustres, mais nombre de langues parlées par les élèves n'y trouvent toujours aucune légitimité. Dans ce patrimoine linguistique national, il importe de faire une place aux langues de l'immigration. Aujourd'hui, les premières « langues de France », avant même les langues régionales, sont celles de l'immigration. C'est d'ailleurs pour cela que, ayant créé en 1985 un Conseil national des langues et cultures régionales de France, j'avais déjà prévu d'y intégrer l'arabe.

L'alliance entre la France et les cultures arabes est ancienne, suffisamment pour ne pas disparaître d'un seul coup au banc de l'histoire contemporaine. Cet héritage ne constitue pas un acquis négligeable, il se doit de prospérer en dépit des crises et des convulsions qui agitent l'Hexagone.

Il y a, notamment, cette idée fausse, largement répandue, que nous devons combattre inlassablement : la langue arabe n'est pas l'apanage des hommes de religion, pas plus qu'elle n'est l'exclusive des Français d'origine arabe. Elle appartient à tous les citoyens, à toutes les générations avides de la découvrir ou de la redécouvrir. Et de fait, bien que bâillonnée, elle suscite l'enthousiasme et l'appétence chez nos compatriotes, pour peu qu'on les autorise à l'aborder.

Nous sommes face à un étrange renversement, où le religieux devient le seul repère, l'unique référence, dès lors qu'il s'agit de parler de langue et de cultures arabes. Si l'Institut du monde arabe était créé aujourd'hui, il s'élèverait sans doute des voix pour demander de le baptiser non pas IMA, mais IMM – pour Institut du monde musulman… Et pourtant, l'étude et la reconnaissance du monde et des cultures arabes en tant que tels sont plus que jamais nécessaires.

De même que la majorité des musulmans ne sont pas arabes, la langue et les cultures arabes ne peuvent être réductibles à l'islam. Dans un cadre laïque, tel que celui prôné par la loi républicaine, quel meilleur moyen que l'apprentissage d'une langue pour transmettre des éléments de culture ? C'est par l'apprentissage linguistique que l'on découvre les multiples aspects d'une civilisation.

Quel meilleur exemple pour cela que celui du grand universitaire arabisant Gilles Kepel. Son livre paru en

2013, *Passion arabe* – un journal de voyage à travers les pays qui ont vécu les « soulèvements arabes » de 2011-2013 –, n'aurait pu être rédigé sans la connaissance de la langue arabe de son auteur, initiée à l'université de la Sorbonne Nouvelle depuis 1974, et prolongée par ses séjours dans les Instituts français de Damas et du Caire. Il rappelle comment il eut le coup de foudre pour cette langue, et la civilisation dont elle était porteuse, à Apamée de Syrie (l'actuelle Qalaat al-Madiq) sur l'Oronte, en 1974 ; comment les villageois, alors, « accordèrent à ce voyageur inconnu couvert de poussière et surgi à l'improviste une hospitalité qui [le] plongea soudain, *in vivo*, dans *L'Odyssée* [...] heureux comme un Ulysse des années 1970 ».

Développer l'enseignement de la langue arabe au sein du système éducatif public, voilà la réforme indispensable à mener, sans se laisser impressionner par la cohorte des marchands de peur. Si verrouiller une culture et une population dans leur seule dimension religieuse répond aux vœux des identitaires de tout poil, le danger gravissime que court la République, c'est de baisser les bras. Embrassons pleinement, au contraire, cette langue de France, ce trésor du monde.

BIBLIOGRAPHIE

Jacques Berque, *Les Arabes,* Sindbad, 1973.

Ahmad Beydoun, *Fi sohbat al-arabia : Manafiz ila logha wa asalib (En compagnie de l'arabe : des voies vers une langue et des styles),* Dar al-jadid, 2019.

Henri Bresc, Catherine Miller, *Arabes de langue, Juifs de religion : L'évolution du judaïsme sicilien dans l'environnement latin, XIIe-XVe siècles,* Éditions Bouchène, 2001.

Michael G. Carter, *Simbahya,* Oxford University Press & I. B. Tauris, 2004.

Chérif Choubachy, *Le Sabre et la Virgule,* L'Archipel, 2007.

Hakim El Karoui, « Nouveau monde arabe, nouvelle "politique arabe" pour la France », Institut Montaigne, 2017.

Michel Espagne, Nora Lafi, Pascale Rabault-Feuerhahn, *Silvestre de Sacy. Le Projet européen d'une science orientaliste,* Éditions du Cerf, 2014.

Jean-Pierre Filiu, *Les Arabes, leur destin et le nôtre,* La Découverte, 2015.

Salah Guemriche, *Dictionnaire des mots français d'origine arabe,* Seuil, 2007.

Gilles Kepel, *Passion arabe*, Gallimard, 2013; *Sortir du chaos: les crises en Méditerranée et au Moyen-Orient*, Gallimard, 2019.

Jack Lang, *François Ier*, Perrin, 1997 (réédition poche, 2009).

Sylvette Larzul, Alain Messaoudi, *Manuels d'arabe d'hier et d'aujourd'hui*, Éditions de la Bibliothèque nationale de France, 2013.

Henry Laurens, « L'orientalisme français: un parcours historique », *in* Youssef Courbage, Manfred Kropp, *Penser l'Orient*, Presses de l'IFPO, 2004.

Alain Messaoudi, *Les Arabisants et la France coloniale, 1780-1930: savants, conseillers, médiateurs*, Lyon ENS Éditions, 2015.

Ibn al-Muqaffa', *Le Livre de Kalila et Dimna*, Klincksieck Éditions, 2012.

Annie Vernay-Nouri, Marie-Geneviève Guesdon, *L'Art du livre arabe: du manuscrit au livre d'artiste*, Éditions de la Bibliothèque nationale de France, 2001.

Articles et revues

Khalïl Abou-Rjaili, « Boutros El-Boustani », *Perspectives*, Unesco, vol. XXIII, n° 1-2, 1993.

Saïd Ismaïl Ali, « Rifâ'a al-Tahtâwî (1801-1874) », *Perspectives*, Unesco, vol. XXIV, n° 3/4, 1994.

Florence Aubenas, « L'arabe au ban de l'école », *Le Monde*, 12 juin 2015.

Mattea Battaglia, « Pourquoi Yasmine, Tadzio et Joseph ont fait "le pari" d'apprendre l'arabe au collège ». *Le Monde*, 8 octobre 2018.

Juliette Bénabent, « L'école française, cancre en arabe », *Télérama*, 11 mai 2015.

Yahya Cheikh, « L'enseignement de l'arabe en France. Les voies de transmission », *Hommes et migrations*, n° 1288, novembre-décembre 2010.

Coll., rapport d'enquête « Analyse des besoins des employeurs français au regard des langues françaises étrangères », ministère de l'Éducation nationale, de l'Enseignement supérieur et de la Recherche, CIEP, Céreq-IREDU, Onisep, CCI France, (juin 2015).

Aurélie Collas, « Les enseignements de langues d'origine vont disparaître », *Le Monde*, 12 février 2016.

Louise Dabène, « Les langues et cultures des populations migrantes : un défi à l'école française », *Lidil, n° 2*, PUG, 1989.

Luc Deheuvels, « Les études arabes dans l'enseignement supérieur », *Langues et Cité*, octobre 2009.

Jean Druel, « Étudier l'arabe est un exercice fascinant », *Le Point*, 20 septembre 2018.

Anne-Laure Dupont, « *Nahda*, la renaissance arabe », *Le Monde diplomatique*, n° 106, août-septembre 2009.

M. H. G., « Boutros Boustany, itinéraire d'un enfant de la Nahda », *L'Orient-Le Jour*, 1er mai 2019.

Lazaro Gamio, Nick Noack, "The World's Languages, in 7 Maps and Charts", *The Washington Post*, 23 avril 2015.

Jérémy Guedj, « La musique judéo-arabe : un symbole de l'exil des Juifs d'Afrique du Nord en France », *Écarts d'identité*, n° 114, 2009.

Christine Hélot, « Délier les langues pour relier les mondes », *Libération*, 27 août 2019.

Hakim El Karoui, « La fabrique de l'islamisme », rapport pour l'Institut Montaigne, septembre 2018.

Entretien avec Henry Laurens, « L'Europe et l'islam : actions et réactions », *Le Débat*, vol. 185, n° 3, 2015.

Bruno Levallois, « L'enseignement de l'arabe au sein de l'institution scolaire française », *Langues et Cité*, octobre 2009.

Françoise Lorcerie, « Qu'est-ce qui ne va pas avec l'arabe à l'école ? », *Cahiers pédagogiques*, Antidote n° 20, mars 2017.

Alain Messaoudi, « L'arabe à l'école, une langue mal-aimée », *Plein droit*, vol. 98, n° 3, 2013.

Violaine Morin, « Les élèves français, (presque) toujours aussi mauvais en langues étrangères », *Le Monde*, 11 avril 2019.

Entretien avec Yves Gonzalès Quijano, « Arabizi, le printemps linguistique », *Le Temps*, 9 octobre 2012.

Émile Rey, « Quand les chrétiens faisaient la grandeur de la langue arabe », *Terre Sainte Magazine*, septembre-octobre 2015.

Juliette Rigondet, « Deux cents ans d'arabe à l'école », *L'Histoire*, vol. 428, n° 10, 2016.

Jamal Sanad Al-Suwaidi, "Arabic Language in the Light of Change: Difficulties and Challenges", *Gulf News*, 4 décembre 2018.

Mansour Sayah, Racha Nagem, Henda Zaghouani-Dhaouadi, « La langue arabe, histoire et controverses », *Synergies Espagne*, n° 2, 2009.

Anna Della Subin, Hussein Omar, "The Egyptian Satirist Who Inspired a Revolution", *The New Yorker*, 6 juin 2016.

Emmanuelle Talon, « L'arabe, une "langue de France" sacrifiée », *Le Monde diplomatique*, octobre 2012.

Marie Varin, « La langue arabe ne s'acquiert pas au détriment du français, mais en complémentarité », *Mediapart*, 7 mars 2019.

Nada Yafi, « La langue arabe hors de son territoire », *Orient XXI*, 31 octobre 2019.

Sites internet

L'Institut du monde arabe : www.imarabe.org

Les clés de la langue : cle.ens-lyon.fr

L'Institut de recherche et d'études Méditerranée Moyen-Orient : iremmo.org

Bibliothèques d'Orient, bibliothèque numérique collaborative : www.bnf.fr/fr/bibliotheques-dorient

Les clés du Moyen-Orient : www.lesclesdumoyenorient.com

Le CNESCO (Conseil national d'évaluation du système scolaire) : www.cnesco.fr

Les Langues O' : www.inalco.fr

Le Mooc « Kit de contact » de l'Inalco : www.fun-mooc.fr/courses/course-v1:Inalco+52001+session04/about

L'application mobile *Let's Play!* créée par Ghada Wali : https://walisstudio.com/lets-play

L'Arabothèque de Myriam Mouffok : www.facebook.com/pg/arabotheque/posts/

REMERCIEMENTS

Je tiens à remercier chaleureusement tout le personnel de l'Institut du monde arabe, pour son engagement quotidien en faveur de la connaissance et du partage de la langue et des cultures arabes. Ce livre lui est dédié.

Je remercie tout particulièrement Victor Salama pour sa collaboration, le temps et les recherches qu'il a consacrés à cet ouvrage.

Je remercie également Makram Abbès, Rachida Damahi, Luc Deheuvels, Jean Druel, Gilles Kepel, Stéphane Lafrenceschina, Henry Laurens, Patrick Nicoloso, Matthieu Rey, Sophie Tardy, Thierry Vallat et Nada Yafi pour leurs contributions et leur avis éclairés.

TABLE

III

HEURTS ET BONHEURS DE L'ENSEIGNEMENT DE L'ARABE

MIXTE
Papier issu de sources responsables
FSC® C003309

Les papiers utilisés dans cet ouvrage
sont issus de forêts responsablement gérées.

Imprimé en France par CPI
N° d'impression : 156001
M16441/01